# CRIPTOMONEDAS

Una guía sencilla para invertir poco y ganar mucho

(Una guía simple para dominar la criptomoneda)

**Bricio Nieto**

Publicado Por Daniel Heath

*Criptomoneda: Una guía sencilla para invertir poco y ganar mucho (Una guía simple para dominar la criptomoneda)*

ISBN 978-1-989853-35-1

Este documento está orientado a proporcionar información exacta y confiable con respecto al tema y asunto que trata. La publicación se vende con la idea de que el editor no esté obligado a prestar contabilidad, permitida oficialmente, u otros servicios cualificados. Si se necesita asesoramiento, legal o profesional, debería solicitar a una persona con experiencia en la profesión.

Desde una Declaración de Principios aceptada y aprobada tanto por un comité de la American Bar Association (el Colegio de Abogados de Estados Unidos) como por un comité de editores y asociaciones.

# TABLA DE CONTENIDO

# Parte *1*

## Introducción

Felicidades por descargar tu copia personal de Criptomonedas. Gracias por hacerlo.

Bienvenido a la última guía de minería criptográfica. Si eres principiante en el mundo de las Criptomonedas, y estás interesado en la minería, esto es perfecto para ti. Puedes ser solamente un curioso sobre el funcionamiento de las Criptomonedas, y este es el libro perfecto. Hay muchos recursos en línea de Criptomonedas, y muchos de ellos tienden a ser difíciles de comprender. Están llenos de abreviaciones, detalles técnicos, y lenguaje que a los principiantes encuentran difícil de descifrar, los siguientes capítulos fueron escritos pensando en los principiantes. Hemos hecho todo lo posible para mantener al mínimo el lenguaje técnico. Para empezar a trabajar con la minería, la lectura de este libro es un buen primer paso, pero tu investigación no debería de detenerse aquí. A medida que empieces a construir tu plataforma o computadora minera, necesitarás hacer más investigación. Existen muchas partes individuales que te llevan a la minería, así que vamos a sumergirnos. Existen muchos libros sobre este tema en el mercado, ¡nuevamente gracias por elegir este!

Se realizaron todos los esfuerzos posibles para asegurar que esté libro este contenido de mucha información útil. ¡Por favor disfrútalo!

¿Sabías que un gran porcentaje de las personas que ganan mucho dinero lo pierden en el primer par de años?

No toma mucho para que una persona pierda todo su dinero. Alrededor de 2 de cada 3 ganadores de lotería pierden todas sus ganancias en un plazo de 5 años. Si alguien pudiera perder cientos de millones de dólares durante un par de años, ¿Qué tan rápido perderás los millones que podrías ganar con este libro?

Durante el último par de años me he

tropezado con la llave secreta detrás de la administración y MANTENIENTO del dinero. Si sigues el enlace de abajo descubrirás la verdad detrás de la administración y mantenimiento del dinero que ganas.

### **_Bitcoin, Etéreo y más allá: ¿Qué es la Criptomoneda?_**

La Criptomoneda es una moneda virtual o digital que proporciona seguridad a sus usuarios mediante la criptografía. Estas características de seguridad hacen que sean difícil de falsificar. Su característica más atractiva es que es de naturaleza orgánica lo que significa que no se emiten por una autoridad central. Esto hace que sea inmune a cualquier manipulación o interferencia por el gobierno.

Debido a que las Criptomonedas son de naturaleza anónima, los convierte en objetivos para actividades criminales como evasión fiscal y lavado de dinero.

El Bitcoin fue la primera Criptomoneda en captar la atención del público. El Bitcoin fue creado en 2009 por un individuo o grupo llamado así mismo Satoshi Nakamoto. Para septiembre de 2015, más de 14.6 millones de Bitcoins ya estaban en circulación. Estos Bitcoins tienen un valor en el mercado de alrededor de $3.4 mil millones. El éxito del Bitcoin ha dado lugar a la creación de más Criptomonedas como el PPcoin, Namecoin, y Litecoin.

Ventajas y desventajas

Es más fácil de transferir dinero entre dos personas con Criptomonedas. Se agilizan las transferencias mediante el uso de claves privadas y públicas para ayudar con la seguridad. Las transferencias se completan con tarifas muy bajas, y esto permite a los usuarios mantenerse alejados de las grandes tarifas que cobran muchas instituciones financieras y bancos para realizar transferencias bancarias.

En el centro Bitcoin en sus cadenas de bloques almacena todas las transacciones. Cada transacción de Bitcoin que se hayan realizado estará en esta cadena de bloques. Esto da una estructura de datos que podrían estar expuesto a amenazas de hackers. Podría ser copiado en cualquier computadora que ejecute el software Bitcoin. La mayoría de los expertos en cadena de bloques consideran importante para las tecnologías como la financiación y la votación en línea. Las Criptomonedas incluso pueden ayudar a reducir las tasas de procesamiento. Dado que las Criptomonedas no tienen un depósito central y son virtuales, la moneda puede desaparecer si su computadora falla y si no se tiene una copia completa de sus monedas. La cantidad de una Criptomoneda puede ser intercambiable por muchas cantidades diferentes de monedas porque los precios cambian debido a la demanda y la oferta.

Estas Criptomonedas no son inmunes a hackers. En el corto tiempo, los Bitcoins han tenido alrededor de 40 robos. Algunos de estos robos fueron valorados en más de un millón de dólares. Muchos fanáticos intransigentes piensan que las Criptomonedas son una moneda que mantendrá su valor, y aceleraran el intercambio, es más fácil de moverse que un metal duro, y el gobierno y los bancos centrales no pueden tocarlo.

*Satoshi*
El Satoshi es la unidad más pequeña de la moneda de Bitcoin. Recibe su nombre del creador de Bitcoin, Satoshi Nakamoto. Las Criptomonedas solo existen en el mundo virtual, a diferencia de las monedas físicas como el dólar estadounidense o la libra esterlina. Una Criptomoneda se puede dividir en unidades más pequeñas, como el dólar se divide en centavos y una libra se divide en peniques.

*Bitcoin*
El Bitcoin sigue las ideas descritas en el libro de contabilidad de Satoshi Nakamoto. La identidad de esta persona o grupo nunca ha sido verificada. Con la oferta de tarifas de transacciones más bajas y siendo operado por una autoridad descentralizada, no es de extrañar por qué Bitcoin ha alcanzado la fama. La capitalización en el mercado para cada

Bitcoin que está en circulación es de más de $ 7 mil millones.

No puedes sostener Bitcoins físicamente. El saldo se almacena en un libro público junto con cada transacción del Bitcoin en la nube. Cada transacción se verifica por enormes cantidades de cálculos computacionales. Los gobiernos o los bancos no pueden respaldar o emitir Bitcoins, y no son valorados como una mercancía. A pesar de ser una moneda de curso legal, el Bitcoins ha desencadenado la creación de otras monedas conocidas como Altcoins.

Las balanzas de Bitcoin se almacenan en claves privadas y públicas que son largas cadenas de letras y números que están vinculados por un algoritmo matemático que están cifrados. La clave pública es equivalente a un número de cuenta bancaria. Esta es la dirección que se publica para todos y donde otras personas pueden enviar Bitcoins. Las claves privadas son similares a un número PIN y este se debe mantener en secreto. Únicamente se utiliza para autorizar transferencias de Bitcoin.

Satoshi Nakamoto
Es la entidad pionera de la Criptomoneda. Satoshi Nakamoto es el mayor enigma en Criptomonedas. Todavía no está claro si es ella, él, una persona o un grupo. Lo que sí sabemos es que Satoshi Nakamoto publicó un documento en 2008 donde empezó la creación de la Criptomoneda.

Dinero Bitcoin
Es una segunda división del Bitcoin clásico que se conoció en agosto de 2017. Esta Criptomoneda puede aumentar el tamaño del bloque y permitir el procesamiento de más transacciones. Desde que fue lanzado, el Bitcoin ha enfrentado la presión de los miembros de su comunidad sobre su crecimiento en magnitud. Su tamaño de bloque, que es un megabyte o un millón de bytes, se estableció en 210. frena el tiempo de procesamiento y limita el potencial de Bitcoin justo cuando se estaba haciendo popular. El límite de

tamaño de bloque se colocó en el código para evitar ataques en la red cuando su valor era muy bajo. El valor de Bitcoin ha aumentado sustancialmente, y su tamaño de bloque ha aumentado a 600 bytes. Esto crea un escenario en el que el tiempo de transacción podría demorar debido a que más bloques alcanzan la máxima capacidad.

## Copia digital

Es un registro de cada transacción de Bitcoin que se han confirmado o enviado a la red entre pares. Esta es una función de seguridad en la plataforma Bitcoin que se creó con el fin de ayudar con el doble gasto. Con el aumento de las Criptomonedas, también provocó un problema llamado doble gasto. Esto ocurre cuando un usuario compra algo a dos vendedores y utiliza los mismos Bitcoins. Esto sería como intentar comprar manzanas de dos proveedores diferentes, pero utilizar el mismo dinero para cada transacción. Esto simplemente no puede suceder. Para resolver este problema, los creadores de Bitcoin crearon un proceso en el que cada transacción es copiada en un libro de contabilidad y es verificada por muchos mineros diferentes de Bitcoin que se distribuyen en toda la red.

Cada transacción se registra en la cadena de bloques y luego se copia y almacena digitalmente a través de varias redes dentro del sistema descentralizado. Para evitar que los usuarios gasten el mismo dinero dos veces, la copia digital se asegura de que cada participante tenga una copia digital cifrada propiedad de todos. Los mineros se encargan de verificar cada transacción y los agregan a los libros de contabilidad. Al tener copias digitales en los libros de contabilidad de Bitcoin, es imposible que el historial de transacciones se vea comprometido. Cualquier usuario que intente cambiar una transacción dentro del libro de contabilidad para beneficiarse no tendrá éxito ya que solo puede cambiar su propia copia digital. Para que una transacción se modifique en el libro de contabilidad, el usuario debe tener acceso a la copia de todos. Esto resultaría ser muy en vano.


Bitcoin ilimitado

Se trata de una actualización a Bitcoin Core que proporciona tamaños de bloque más grandes. Creada para mejorar la velocidad de transacciones. Se propusieron varias mejoras a este software. Estas actualizaciones se centran en aumentar la cantidad de transacciones que puede hacer el sistema al aumentar el tamaño de los bloques o acelerar el proceso.

Los bloques son archivos donde se almacenan las transacciones de Bitcoin. Cada vez que se completa un bloque, esta se pone en la cadena de bloques. Los bloques son de tamaño limitados a un megabyte. Bitcoin ilimitado busca aumentar el tamaño de bloque. Esto quiere decir que las empresas y los individuos otorgan el poder de cómputo que se necesita para mantener los registros de todas las transacciones. Debido a que los Bitcoins no están controlados por una autoridad central, las decisiones sobre las actualizaciones se toman a través de un acuerdo. Cualquier persona u organización que impulse un cambio y los demás miembros no estén de acuerdo puede provocar bifurcaciones en el Bitcoin. Esto significa que la red que ejecuta Bitcoin se dividirá. Tener un enfoque basado en el acuerdo podría hacer que sea difícil abordar los problemas que enfrenta Bitcoin.

Los problemas con las bifurcaciones es una de las razones por las que Bitcoin ilimitado no es el estándar nuevo. Tener bloques más grandes les resulta a los mineros que tienen unidades de procesamiento más grandes, más poderosos y rentables, mientras que los pequeños mineros podrían ser expulsados por completo.


*Litecoin*

El Litecoin se creó en 2011. Es una diferente Criptomoneda basada en el modelo de Bitcoin. El creador de Litecoin es Charlie Lee. Graduado en el MIT, el solía trabajar en Google. El Litecoin al igual que el Bitcoin son una red de código abierto que está descentralizada. Es diferente al Bitcoin porque puede crear bloques más rápido y utiliza un código cifrado como prueba de trabajo. El Litecoin se creó con la esperanza de ser de la izquierda a la derecha del Bitcoin. Gano popularidad desde su creación. El Litecoin también es una red entre pares. El Litecoin se creó para mejorar las deficiencias del Bitcoin. Se ha ganado apoyo, así como liquidez y volumen de comercio. El Litecoin fue diseñado para crear más monedas rápidamente. El Litecoin se considera el segundo del Bitcoin, pero los Litecoins son más fáciles de obtener y enviar.

*Altcoin*
Estas son todas las diferentes Criptomonedas que se han creado después del Bitcoin. Se dicen que son mejores que el Bitcoin, pero esto aún está por verse. Muchas monedas alternativas apuntan a las limitaciones que tiene el Bitcoin y se crean más versiones nuevas. Existen

muchas variedades de Altcoins. La mayoría de los Altcoins están construidos sobre el marco del Bitcoin y también en base a la red entre pares. Algunos ofrecen formas más eficientes y baratas de enviar transacciones. A pesar de que muchas de las características de los Altcoins se sobreponen, estos siguen siendo muy diferentes entre sí. Incluso con todos estos competidores, el Bitcoin sigue siendo el líder en el paquete de Criptomonedas. Se están lanzando nuevas versiones. La oferta cambia en áreas como la resolución de dominios DNS, la prueba de colaboración, privacidad, y la de velocidad de transacciones y mucho más. Algunos han ganado popularidad. Algunos no son bien conocidos. Algunos ejemplos de Altcoins son Novacoin, Zetacoin, Feathercoin, Peercoin, Dogecoin, Litecoin, entre otros. Litecoin es el competidor más cercano de Bitcoin.

## *¿Qué es la minería criptográfica?*

Como se mencionó anteriormente, la

Criptomoneda utiliza una técnica llamada criptografía para procesar transacciones. Este es un proceso que convierte información legible en códigos que no se pueden rastrear y que ayudan a realizar seguimientos de transferencias y compras. Una simple definición, solo son entradas en una base de datos que nadie puede cambiar sin pasar antes por un protocolo específico. La criptografía utiliza un elemento informático y la teoría matemática que se creó durante la Segunda Guerra Mundial para transferir información y datos de forma segura. Ahora se está utilizando para asegurar dinero, información y comunicaciones en línea.

Las Criptomonedas se ejecutan en cadenas de bloques que son libros compartidos y se duplican muchas veces en una red de computadoras. Un documento actualizado se hace y distribuye a cualquiera que tenga Criptomonedas. Cada transacción que se realiza, el propietario de cada Criptomoneda registra en la cadena de bloques. Estas cadenas de bloques están a cargo de mineros que usan computadoras de alto procesador para verificar las transacciones. Estas se actualizan cada vez que se realiza una transacción para garantizar que la información es auténtica. Esto asegura que todas las transacciones se procesen de forma segura, adecuada y fiable.

A los mineros se les paga con Criptomoneda acuñada como pago por su trabajo. Estos se mostrarán como honorarios de los comerciantes o vendedores. El valor de Criptomonedas sube y bajan según la oferta y demanda. No tiene un valor fijo. El vendedor y los compradores acuerdan un cierto valor que es justo en base de que es lo que se negocia la Criptomoneda en otro lugar. Las tarifas de las transacciones que están asociadas con tarjetas de crédito se eliminan ya que las transacciones son de red entre pares. Las identidades de los vendedores y del comprador nunca se revelan. Cada transacción es pública para todos en la red de cadena de bloques. Las personas pueden obtener Criptomonedas a través de intercambios en línea o cambiándolas por monedas normales.

La minería para Criptomonedas tiene dos funciones: liberar moneda nueva y agregar transacciones en la cadena de bloques. Cada bloque agregado por los mineros tiene que contener trabajo de prueba. Los mineros deben de tener una computadora con un programa especial que les ayude a competir con otros mineros para resolver problemas matemáticos complicados. Esto requiere cantidades grandes de recursos informáticos. Los mineros intentan resolver bloques en intervalos regulares. Ellos necesitan los datos de las transacciones y usan las funciones hash criptográficas para resolverlos.

La función hash es un valor de números que pueden identificar datos. Los mineros usan las computadoras para encontrar valores hash menores que el objetivo. Quien quiera que sea el minero, primero extrae realmente el bloque y obtendrá una recompensa. La recompensa por un bloque se encuentra en 12.5 Bitcoins.

Al principio, los entusiastas de la criptografía eran los mineros. A medida que el Bitcoin ganó popularidad y su valor aumentó, la minería ahora es un negocio por sí solo. Muchas empresas y personas comenzaron a invertir en hardware y almacenes.

Cuando los negocios se incorporaron, pronto se dieron cuenta de que no podían competir. Los mineros comenzaron a abrir grupos y combinaron sus recursos para competir mejor.

Uno de los negocios, del Banco de Nueva York Mellon Corp., ha estado utilizando una plataforma de cadena de bloques desde el 2016 para ayudar en la liquidación de bonos del Tesoro de EE. UU. La privacidad de la plataforma le ha permitido permanecer fuera del alcance de las agencias reguladoras. Cuando un banco decide dejar que sus clientes lo utilicen comercialmente, las agencias reguladoras pueden entrar en acción. La colección de minería contiene un ventilador, cableado, memoria, fuente de alimentación, un procesador y tarjetas gráficas. El costo de esto es de alrededor de $ 2,400 a $ 3,800 si se compra a través de Amazon. Los mejores hardware para la minería son AntMiner S9, AntMiner S7 y Avalon6.

La Unidades de procesamiento gráfico (GPUs) normales no son lo suficientemente potente, por lo que los mineros están empezando a utilizar ASICs o circuitos integrados específicos para cada aplicación. Para ayudar con esta deficiencia, AMD y Nvidia trabajan en GPUs que podrían utilizarse únicamente para este fin.

Hay dos compañías que dominan el hardware minero, y son Bitmain y Canaan. Bitmain se encuentra en Pekín. Se dedica a la extracción y fabricación de hardware. Minas y fábricas de hardware.

Grupos de minería

La mayoría de los grupos de minería se encuentran en China y fabrican aproximadamente el 81 por ciento de la tasa de hash. Nvidia y AMD dominan el mercado de chips de juegos, desviar su enfoque de negocio principal podría no ser un buen curso de acción.

Estas compañías tienen que crear GPUs diseñados únicamente con el fin exclusivo de la minería. Estos GPUs son una amenaza para los chips ASIC que se fabrican en China.

La bolsa de valores y los gobiernos están contemplando las regulaciones de las Criptomonedas. Después de MtGox, la bolsa de valores con sede en Tokio se derrumbó en 2014, Japón introdujo leyes para proteger a los usuarios. La introducción de impuestos, como un impuesto sobre las ganancias del capital de las ventas del Bitcoin podría frenar la industria de la Criptomoneda.

### *¿Qué puedes extraer en tu mina?*

La minería en Criptomonedas y Bitcoin son muy populares hoy en día. A medida que más gente empieza su mina, es más difícil tener éxito con una mina en cualquier tipo de Criptomonedas.

Para maximizar el poder del hash, se necesita extraer la divisa que le ofrezca mayores ganancias. No realice minas con algoritmos difíciles como el Bitcoin, mejor intente algunas Criptomonedas más fáciles. Una vez que haya extraído con éxito la moneda, conviértala en la moneda de su elección. Puede hacer un intercambio en línea y así maximizar los beneficios.

Aquí puede encontrar una lista de las Criptomonedas líderes del grupo:

- Bitcoin: La economía actual, cada transacción que se realiza tiene que pasar por la compañía de la tarjeta de crédito o por un banco. Se cobra una comisión por la transacción, y esperamos a que no se equivoquen. Aquí es donde entra Bitcoin. En el centro del Bitcoin tiene problemas matemáticos. Los mineros tienen que resolver esto. Cuando se encuentra una solución, el minero es recompensado con Bitcoins. Los Bitcoins se extraen mediante potentes tarjetas gráficas.

- Etéreo: Esta plataforma fue diseñada para personas que desean crear aplicaciones descentralizadas. En los últimos meses, Etéreo se volvió muy valioso y esto lo convierte en la mejor opción para los mineros que recién empiezan. Permite transferencias de red entre pares y la cadena de bloques. Esta cadena de bloques está en tu propio idioma. Esto permite que las personas lo utilicen para todo tipo de aplicaciones descentralizadas. Está asegurado por criptografía. Etéreo no tiene un ASIC. Esto no significa que no puedas ganar dinero. Si tienes un GPU para minería, puedes extraer alrededor de 1.400 dólares al año.

- Litecoin: Es otra Criptomoneda descentralizada. Existen solamente alrededor de 84 millones. Ofrece tarifas bajas y rápidos tiempos de transacción. Puedes venderlos y comprarlos e intercambios a otras personas. Puedes utilizarlos para comprar casi cualquier cosa. Si usas Antminer, puedes extraer alrededor de $6,000 por año.

- Dash: Esta es la primera Criptomoneda que actúa como moneda fiduciaria. Así mantienes el control total de tu dinero. tienes total privacidad, y no hay forma de rastrear las transacciones. Las transacciones se procesan instantáneamente. Prácticamente no hay cargos ya que tu podrás controlar tu dinero. Dash es una de las tres monedas más rentables. Al minar usando un ASIC específico, podrías extraer de tu mina alrededor de $1,000 por año.

- Monero: Es una Criptomoneda intercambiable. Enorgullecida de la privacidad que ofrece a sus usuarios. Su valor aumenta constantemente. Invertir en hardware de Monero puede ser el camino a seguir. Si se extrae usando una GPU específica, se pueden extraer hasta 1.400 dólares al año.

- Zcash: Criptomoneda basada en la plataforma de Bitcoin, pero tiene una principal diferencia. Zcash ofrece a sus usuarios la opción de encriptar sus propias transacciones. Es decir, esencialmente que el importe de la transacción, la dirección del destinatario y la dirección del remitente están ocultos al público. La gran mayoría piensa que Zcash es el futuro de mantener las transacciones anónimas. Las GPUs normales pueden explotar Zcash como GTX 1080. También puede minar por decreto. Zcash ha puesto un tope a la cantidad de monedas que se pueden extraer. Entra ahora, ya que sólo 21 millones de personas tendrán su mina.

- ZenCash: Criptomoneda creada para la privacidad del usuario. La mayoría lo llama la moneda de la privacidad. Todas las transacciones están fuera de la red. Esto los hace que sea extremadamente seguro. Le permite enviar monedas directamente a la dirección de un destinatario. Esta sería una gran Criptomoneda para aprender a extraer.

¿Cómo funciona el sistema?
Las Criptomonedas crean bloques de todas las transacciones. Éstos se juntan y crean

una cadena de bloques. Cada vez que se hace una transacción, la cadena de bloques se actualiza.

Los mineros utilizan un proceso en el que toman la información y usan fórmulas para procesarlas. El resultado es una cadena de números y letras más corta que la transacción real. Esto se conoce como hash.

Cada hash es similar al hash que se utilizó al principio, porque cada hash se basa en el que hash que está enfrente, y el siguiente confirmará que los otros son legítimos.

Para extraer bloques, los mineros utilizan GPUs específicos para encontrar respuestas a sus preguntas. Cuando encuentran la respuesta, reciben una cierta cantidad de monedas como recompensa. Los mineros usan sobre datos de encabezado en toda la función hash. Cada moneda tiene sus propios algoritmos. Litecoin utiliza un código cifrado. Cada vez que se encuentra un hash válido, éste pasa a través de la red y forma parte del libro de contabilidad público.

No puedes simular tu trabajo y hacer trampa. Esta es la razón por la que todas las Criptomonedas requieren una prueba de trabajo. Etéreo está tratando de deshacerse de la prueba de trabajo y utilizar la prueba de la participación. Si el minero puede validar su trabajo, se le recompensa con Criptomonedas.

La importancia de la eficiencia de la potencia del GPU

Podrás extraer monedas con más éxito si tienes una GPU potente. Piensa en toda la información proporcionada y que podrás entender por qué se necesita una GPU potente. Podrás extraer monedas con más éxito si tienes una GPU potente.

Las tarjetas gráficas potentes utilizan grandes cantidades de electricidad, también es necesario pensar en la importancia de la eficiencia de las tarjetas. Sería mejor comprar varias GPUs baratas que tienen mayor relación entre hash/potencia, te podría dar mejores ganancias. Un buen ejemplo de este tipo de GPU es la GTX 1050 Ti.

La minería es cada vez más difícil, por lo que es fundamental contar con un eficiente GPU, a algunos le costará más en la factura de electricidad de lo que les dará en ingresos.

Factores que dañan la eficiencia de una computadora

No puedes utilizar cualquier tarjeta gráfica para la minería. Aquí hay algunas tarjetas para considerar:

MHash/s

Esto equivale a muchos números que la tarjeta puede manejar durante la extracción. Podrás utilizar más hashes si tu tasa es alta. Si la tasa de hash es baja, no podrás utilizar tantas. ¿Qué significa esto exactamente?, que las tasas mayores de hash tienen resultados más rápidos.

MHash/j

El número de hashes que la tarjeta puede manejar por joule de energía. Como ya se mencionó, la minería utiliza una gran cantidad de electricidad. Necesitará extraer suficientes monedas con su tarjeta para que pueda obtener ganancias después de que su factura de electricidad haya sido pagada. Un mayor número muestra que su tarjeta es más eficiente en el consumo de energía. Si la tarjeta es energéticamente eficiente, entonces usted está ahorrando algo de dinero.

MHash/s/$.

Esta es la forma de mostrar la relación rendimiento/precio de una tarjeta. Si tienes un número alto, obtendrás más dinero. Si tu tarjeta utiliza mucha electricidad y tiene una tasa de hash baja, no generará muchos ingresos, si es que los hay. Necesitas encontrar una tarjeta que tenga un buen equilibrio entre rendimiento y precio. La minería de Criptomonedas como Etéreo, Litecoin y Bitcoin requiere una tarjeta gráfica muy potente. En realidad, se necesitan varias tarjetas gráficas. También necesitarás una placa base que tenga la misma cantidad de ranuras que las tarjetas GPU.

Asegúrate de tener la fuente de alimentación correcta. Si su computadora no tiene la cantidad correcta de energía, no va a funcionar correctamente.

¿Es la minería adecuada para ti?
La minería es una gran idea. Valla y compre un GPI minero y observe cómo llega el dinero. ¿Verdad?
En realidad, no.
Existen grandes almacenes en diferentes países que tienen facturas de electricidad muy bajas, estos almacenes albergan miles de GPUs y el costo oscila entre miles y millones de dólares.
Con esta configuración, la minería es muy rentable, y los inversionistas están haciendo grandes cantidades de dinero. Cuando una persona trabaja en la minería en una computadora personal en casa, es muy posible que nunca vea un retorno de su inversión.
Usted todavía puede ser beneficiado por la minería. Algunos lo hacen como un pasatiempo. A menos que lo hagas a gran escala, no veras grandes beneficios. Si sólo quiere tener algo de Criptomonedas, sólo tienes que comprar un poco.
Negociar Criptomonedas por dólares u

otras Criptomonedas.

Primero tendrá que cambiar sus Criptomonedas, es preferible por Bitcoins. Este es el procedimiento:

1. Crear una cuenta en un intercambio en línea como Binance.

2. Después de crear la cuenta, tendrá que comprar la dirección de la cartera de su moneda preferida. Esta dirección se utiliza con su software de minería. La moneda que usted mina se pone en esta cartera. Desde allí, usted puede cambiarla por Bitcoin y luego por dólares. Para ello, deslice el cursor por encima de la pestaña que dice Funds. Aparecerá un menú desplegable. Ahora haga clic en depósitos/retiros. Busque sus Criptomonedas y haga clic en depósito. Cuando se le pregunte, haga clic en Aceptar y siga adelante. Se le abrirá una página emergente que le mostrará su dirección personal. Copie el código y coloque en el software en esta dirección.

3. Después de haber depositado Criptomonedas en su cuenta de cambio,

puede elegir cambiarlo por Bitcoin. Aquí está cómo hacerlo:

Vaya a la página de inicio, pero haciendo clic en el logotipo. Vaya a los mercados BTC y busque sus Criptomonedas. Cuando haya elegido su moneda, podrá verla en los resultados de la búsqueda. Haga clic en él. En la caja de venta, puede cambiar su moneda por Bitcoin. Si necesita transformar toda la moneda que posee en Bitcoin, sólo tiene que elegir el 100 por ciento.

4. Ahora, tendrá que transferir sus Bitcoins desde el intercambio que está utilizando a otra como Gemini o Coinbase. Una vez que lo haya transferido, puede cambiar Bitcoins por dólares. Aquí está el procedimiento:

Vuelva a la página de depósitos/retiros. Ahora puede retirar sus Bitcoins adquiridos de su cartera Bitcoin de esta manera:

Escriba su dirección Bitcoin. De clic en Gemini o a Coinbase (cualquiera que haya usado). Cuando haya finalizado el registro, haga clic en cuentas. Haga clic en recibir debajo de la cartera BTC. Debería aparecer un código QR. Esta es la dirección de su cartera. Deberá copiar y pegar esto en la dirección de retirada de BTC. Elija la cantidad y después envíela.

5. El último paso es vender Bitcoin por moneda normal. Vaya a la pestaña vender/comprar y haga clic en vender. Sólo tiene que elegir el banco o la cuenta en la que quiera depositar el dinero. Escriba la cantidad de Bitcoin que desea depositar y haga clic en vender Bitcoin. Eso es todo.

Usted ha negociado exitosamente sus Criptomonedas por Bitcoin y ha cambiado Bitcoin por dólares.


## *Obtener tu hardware y armar tu equipo*

En este capítulo, entraremos lo esencial para armar tu propio equipo y minería. El objetivo de este capítulo, es analizar el armado y la plataforma de Etéreo. Esto se llevará a cabo a través de la búsqueda de su propio equipo, como también el armado. Esto podría tardar hasta una semana. También puede elegir por comprar un contrato de minería en la nube a través de Genesis Mining o Hashflare si no tiene interés en comprar equipos de minería.

Equipo abastecido

Es necesario conseguir varios componentes, y los costos pueden incrementar.

1. Tarjeta madre

El cerebro de tu ordenador, la tarjeta madre es toda la base que conforma a tu equipo. Lo más importante de tener en cuenta para tu tarjeta madre es cuántas ranuras de GPU tiene, ya que esto determinará la cantidad de GPU o tarjetas gráficas que puede contener, es lo que determina la potencia de hashing. Si la tarjeta madre tiene 3 ranuras emitidas en el PCI, entonces se podrá instalar 3 x Radeon HD 7950 y tener una tasa de hash de 20 MH/s cada una, lo que le dará una potencia de hash completa de 60 MH/s. La ranura emitida por PCI es el punto de conexión de la tarjeta madre. Por lo general son blancos, pero también pueden ser beige. Hay otros tipos de ranuras, pero la mayoría de las GPUs trabajan en PCI.

2.      Tarjeta gráfica

Ahora elige tu GPU. Hay algunas tarjetas gráficas que le pueden costar un brazo y una pierna figurativamente, pero tienen un poder de hash horrible. También hay otros que tienen un precio más razonable y tienen más potencia. Básicamente tienes que encontrar un equilibrio entre la potencia que buscas y cuánto estás dispuesto a pagar. Lo importante es elegir una GPU eficiente. Puedes comprar GPUs reacondicionadas en sitios de renombre como GPU shack. Sin embargo, hay que tener cuidado, hay muchas tarjetas de segunda mano que tienen problemas que no descubrirás hasta que las conectes.

Hay un problema común que puede tener con tu placa madre y tu tarjeta gráfica. Es posible que no todos encajen perfectamente debido a la forma en que las ranuras emitidas en el PCI están separadas en la tarjeta madre. Pero no te preocupes, puedes conseguir un elevador que funciona como una extensión de cable para la ranura. Hay algunas tarjetas gráficas que son muy grandes, así que tenga cuidado al elegir su tarjeta.

3.    Disco duro

El disco duro es necesario para que pueda almacenar su sistema operativo y el software de la minería. Puede utilizar una unidad SSD estándar. El tamaño que necesitará dependerá de lo que quiere hacer cuando está minando. Si usted tiene interés en descargar completa la cadena de bloques, necesitará tomar en cuenta el tamaño de la cadena de bloques y el tiempo que necesita invertir en ella. Si planea minar en Etéreo como parte de un grupo de minería, no tendrá que almacenar en la cadena de bloques y podrá obtener una unidad SSD más pequeña.

4.    MEMORIA RAM

Es uno de los componentes más básicos de todas las computadoras y funciona como un bloc de notas para anotar los cálculos y ser capaz de llamar esa información rápidamente en tu computadora. 4 GB son suficientes.

5.    FUENTE DE ALIMENTACIÓN

Puede obtener fuentes de alimentación de diferentes tamaños, y esto puede causar problemas para algunos cuando quieren saber el tamaño que necesitan. Debes sumar el consumo de energía de tu GPU y el de todos los demás componentes y, a continuación, debes asegurarte de que la fuente de alimentación tenga mayor energía. Si utilizas dos GPU de 220 vatios y los demás componentes consumen otros 250 vatios, puedes utilizar una fuente de alimentación de 750 vatios, ya que la cantidad total de energía que necesitas es de sólo 690 vatios. Si planeas construir un "mega ordenador" que contenga seis GPUs, puedes encontrar que es más eficiente utilizar dos fuentes de alimentación diferentes. Dos fuentes de alimentación de 750 vatios a un costo de $100 por unidad es mejor que $300 para una sola fuente de alimentación de 1500 vatios.

## 6.    Un caso

Puede resultar muy complicado, ya que dependerá de la GPU que utilices, y también de si estás utilizando bandas o no. Asegúrate de que no tiene componentes encima de otros, ya que puede provocar un incendio. Puede elegir dejar tu sistema al aire libre; puede construir un estuche para darle un poco de personalización. También puede optar por comprar un equipo disponible de unos pocos proveedores. Puede tardar un poco en llegarte, pero todo el trabajo duro está hecho.

gpuShack.com es un gran sitio web para conseguir tus componentes. Ofrecen paquetes para grupos, lo que puede hacer más barato para ti.

### Cómo armar su ordenador

Como dije antes, necesitas estar seguro de que tu fuente de alimentación es capaz de trabajar con tus tarjetas gráficas, y también tendrás bandas que te darán la oportunidad de colocar más GPUs en un lugar seguro. Todas las conexiones deben conectarse correctamente y que todo esté unido.

Un consejo sobre el posicionamiento, las GPUs se pueden calentar, especialmente si están sobrecargadas, por lo que necesitas asegurarte de obtener el mejor rendimiento por tu dinero. También debes asegurarte de que tu equipo esté colocado en un área bien ventilada para que no corras el riesgo de sobrecalentarlo.

Una vez que su equipo esté encendido, es importante que te asegures de que todo el software que necesita para la minería está en su equipo.

**Software**

El primer paso es instalar un sistema operativo en tu equipo. Para las personas con una visión más técnica, puede usar Linux, Ubuntu, pero para la mayoría de las personas, Windows es la mejor opción porque automatiza la instalación de controladores para que todos los componentes se comuniquen correctamente entre sí. Sin embargo, la mejor parte de Ubuntu, es que ofrece muchas opciones y es gratis.

También puede elegir descargar EthOs, que es un APP que fue diseñado de forma específica para la minería Etéreo. Todos ellos tienen la forma perfecta de que un sistema de minería específico y equipos gestionen sus GPUs.

Después de que haya descargado su sistema operativo en su equipo, hay dos maneras de empezar a trabajar en la minería:

- Minería en solitario - este tipo de minería significa que eres tú contra todos los demás. Si crea el hash correcto, recibirá la recompensa del bloque. Si tienes un equipo de 60 MH/s y una potencia de 1.2 GH, probablemente no verás mucho éter. También necesitará descargar la cadena de bloques.

- Grupos de Minería - este tipo de minería requiere que usted se asocie con otros mineros para reducir la inestabilidad de los retornos. Esto podría significar que usted recibe cinco éteres cada cinco días, o que recibe un éter por día. Lo mejor de esto es que obtienes un flujo continuo de éter sin necesidad de descargar la cadena de bloqueo completa.

## 4

## Minería Etéreo

Ahora debe comprender cómo funciona la minería, por lo que probablemente quiera empezar a trabajar por su cuenta. Como una pequeña información, la minería es lo que mantiene unida a la "tienda de aplicaciones descentralizada" asegurándose de que haya un acuerdo para cada cambio en las aplicaciones que se están ejecutando en la red.

Tomemos, por ejemplo, el cuaderno en línea que se describe en "¿Qué es Etéreo?" La red no pudo llegar a un acuerdo sobre el estado del cuaderno, como si se hubiera borrado o añadido una nota, sin poder computacional para procesar los cambios.

Los mineros permiten que sus computadoras se vuelvan locas para resolver rompecabezas criptográficos intentando obtener éter, y necesitan probar un gran número de problemas computacionales hasta que alguien pueda desbloquear un nuevo lote de activos.

Una parte muy interesante de la cadena de bloques abierta es que, teóricamente, cualquiera puede configurar su computadora para que sólo se centre en estos rompecabezas como una forma de ganar las recompensas de la minería. El problema de la minería en estas cadenas de bloques públicas es que a la larga necesitaras aún más rendimiento a medida que más personas empiecen a invertir en un mejor hardware.

Ahora es muy difícil que ganen aquellos que están minando con configuraciones con un procesador de baja potencia, pero sigue siendo un pasatiempo bastante bueno para los entusiastas y aficionados.

Necesitas un equipo que se utilice únicamente para la minería. Puedes elegir entre GPUs y CPUs, como ya sabes. Las GPUs te darán un mejor rendimiento. Las GPUs son la única opción para una persona interesada en la extracción de éter.

Conseguir tu GPU puede ser muy difícil, así

que asegúrate de recibir consejos de otras personas y no confíes sólo en este libro. Otras personas pueden tener buenos consejos sobre las opciones más convenientes basadas en la tasa de hash, el gasto inicial y el consumo de energía.

También puedes encontrar calculadoras de rentabilidad minera que te mostrarán cuánto puedes ganar con su tasa de hash cuando se compara con el costo de la electricidad y la configuración.

Después de que configures tu equipo y ocupes tu hardware, necesitas tener tu software listo. Los mineros necesitarán instalar un cliente que pueda conectarse a la red. Las personas que están familiarizadas con una línea de comandos pueden elegir instalar geth, que ejecutará un nodo etéreo escrito en `Go', un lenguaje de escritura cifrado.

Una vez descargado el software, el nodo podrá hablar con otros nodos, que lo conectarán a la red Etéreo. Además del hecho de que puedes utilizar para extraer éter, te dará la interfaz para desplegar contratos inteligentes y enviar transacciones con una línea de comandos.

## Ensayos

También puede elegir 'prueba' para minar el éter en una red privada para así experimentar con las aplicaciones descentralizadas o los contratos inteligentes. Para la explotación minera en una red de prueba no será necesario que tanga un hardware de lujo. Todo lo que necesitaras es una computadora en casa con geth u otro programa instalado. Falsificar éter no va a ser muy productivo.

## Instalar Ethminer

Si planea extraer éter real, necesita instalar un software de minería. Una vez que haya descargado una aplicación y su nodo se haya convertido en parte de la red, tendrá que descargar Ethminer. Necesitará encontrar la versión de descarga adecuada para su sistema operativo.

Después de que este sea instalado, su nodo empezará a jugar un papel importante en el desarrollo de su lugar en la red Etéreo.


Únase a un grupo de minera

Es probable que no tengas tanto éxito como minero de éter. Para eso hay grupos mineros. Los mineros 'reúnen' su poder computacional para crear un fondo minero. Esto aumenta las posibilidades de resolver los rompecabezas y obtener una recompensa para todos los que participan en el grupo. Después dividirán sus ganancias, según sea la cantidad de energía que aportó cada minero.

Hay diversos factores involucrados al momento de entrar a un grupo minero. Es probable que algún grupo no sea para siempre, y el poder computacional de todos estos cambia constantemente, por lo que hay que tener en cuenta las distintas posibilidades antes de decidir unirse a un grupo minero.

Algo importante que debes recordar es que los grupos mineros tienen diferentes formas de pago. Un grupo minero se registrará en su sitio web para que los mineros puedan conectarse con el grupo y luego comenzar a trabajar en él.

Hay que recordar que en el mundo de la minería hay un sin fin de cambios. Las herramientas que usted aprende hoy podrían desaparecer el próximo año, y hay grupos mineros que pueden desaparecer mientras se crean otros, por lo que debe estar atento a los cambios en la industria.

**Minería Bitcoin**

La minería Bitcoin funciona muy similar a la minería Etérea. Deberías tener tu plataforma minera lista para trabajar. En su mayor parte, es probable que tengas que obtener un ASIC si está interesado en minar en Bitcoin. De lo contrario, es probable que no vas mucho a cambio. A continuación, deberás descargar el software de minería. Hay muchos programas que pueden usarse para el Bitcoin, pero las opciones más populares son BFGminer y CGminer que funcionan como programas de línea de comandos.

Si desea facilitar con una interfaz gráfica de

usuario, la mejor opción es descargar EasyMiner, que funciona como un programa para Android/Windows/Linux.

Después de tener todo listo para empezar la extracción en la minera, es mejor que se una a un grupo minero de Bitcoin. Sin utilizar un fondo de extracción de la minera, puede estar atascado minando Bitcoins durante años y nunca ganar ni uno solo Bitcoin. Es mucho más fácil compartir el trabajo y luego dividir la recompensa entre un grupo de mineros.

Si desea un grupo completamente descentralizado, puede utilizar p2grupo. A partir de ahora, los siguientes grupos validan completamente el bloque utilizando el núcleo de Bitcoin 0.9.5 o posterior:

- Slush Pool
- Eligius
- CK Pool
- BitMinter

No importa la moneda que esté extrayendo, necesitará una cartera para depositar sus monedas y, sobre todo, tendrá que estar al día de todas las noticias actuales de Bitcoin. Esto es importante para sus ganancias.

**Escribir un guion**

Si piensa usar cpuminer, tiene que saber cómo configurar sus parámetros para la minería. Es más fácil crear un script de una línea, llamado archivo por lotes en Windows, para iniciar el minero con las instrucciones correctas.

Para esto necesitará:

- Contraseña del trabajador
- Número o nombre del trabajador
- Nombre de usuario de Grupo de Minería
- Número de puerto del servidor
- URL de estrato para el servidor de grupo de minería
- Ruta completa al directorio donde está almacenado su programa

A continuación, tiene que abrir el Bloc de notas o el editor de texto que prefiera. No utilice nunca un procesador de textos como MS Word. A continuación, deberá escribir el script. Este método asume que usted está tratando de minar una moneda que utiliza el algoritmo de cifrado.

Iniciar "path" minerd.exe - url URL:PORT -a scrypt - - - userpass USERNAME.WORKER:PASSWORD

Cuando escriba los detalles anteriores, obtendrá lo siguiente:

Iniciar "C:|cpu-miner-pooler" minerd.exe - url stratum+tcp://pool.d2.cc:3333 -a scrypt - userpass username.1:x

En seguida, deberá guardar este archivo con la extensión ".bat". Después de guardar el archivo por lotes, haga doble clic en él para activar su nuevo programa minero. Es posible que el fondo minero tendrá una interfaz basada en la web. Después de unos minutos, el sitio web debería empezar a mostrar que usted está minando activamente.

## Configuración para minar en el GPU

Para los que estén interesados en la minería con GPUs, es decir, cualquiera que cree en un equipo de minería, debería utilizar el programa CGminer. Las versiones de CGminer anteriores a la 3.72, no soportan la minería de script, esto quiere decir que no debe descargar la última versión. Tienen que encontrar la versión que le ofrezca todo lo que necesita.

Esta configuración supone que está utilizando Windows. Si está usando OS X o Linux, los argumentos de la línea de comandos serán los mismos.

Deberá extraer el software en una carpeta que pueda encontrar con facilidad. Ahora debe asegurarse de que sus controladores gráficos estén actualizados. A continuación, pulse la tecla Windows con la tecla "R". A continuación, escriba "cmd" y, a continuación, seleccione Enter. Esto le dará un terminal de mando. Ahora, puede utilizar el comando "cd" para cambiar el directorio al que tiene el archivo CGminer.

Escriba "cgminer.exe -n." Esto le dará la lista de los dispositivos reconocidos en su PC. Si puede detectar su tarjeta gráfica, entonces puede ir al siguiente paso. Pero si no detecta su tarjeta gráfica, tiene que investigar los pasos necesarios para configurarla correctamente. Enseguida, debe tener la información para su grupo minera. Esta es la misma información que necesitaba para la configuración de la CPU. Ahora tiene que crear un archivo por lotes para que pueda iniciar su CGminer correctamente.

Iniciar "path" cgminer - scrypt -o URL:PORT –u NOMBRE DE USUSRIO.TRABAJADOR -p CONTRASEÑA

Una vez configurado el software de minería que ha elegido, empezará a ver las estadísticas desplazándose por la línea de comandos. Si tiene CGminer, vas a obtener más información que con cpuminer. Con el CGminer, verá información sobre el hardware de minería, el fondo de explotación minera y la moneda. Si estás usando cpuminer, sólo vas a ver información sobre los bloques que tu ordenador ha resuelto, y tu velocidad de hashing.

Lo mejor para las personas que tienen un PC con tarjetas gráficas dedicadas, es que pueden ejecutar CGminer y cpuminer juntos. A esto, añadirá un argumento "-

threads n" en el comando mind. En este caso, la "n" representa el número de núcleos de CPU que desea emplear.

Debes dejar algunos de estos núcleos libres para que funcionen en tus GPUs. Si configuras minerd para utilizar todos los núcleos de CPU, la CPU estará demasiado ocupada para enviar datos a la GPU. Si tienes una CPU de cuatro núcleos, entonces deberías poner el argumento a "2" o "3".

Cuando se extraes de la mina con CPU y GPU, puede que ser que son mejor las GPU cuando se trata de extracción minera. Observe las tasas de hash en la ventana de su terminal para sus programas, puede ser que vea al menos cinco veces la diferencia.

## Cambiar por dólares, o mantener la Criptomoneda

Una de las preguntas más frecuentes que la gente hará es qué Criptomoneda deben comprar. Otro aspecto en común para los principiantes, es que no pasan la mayor parte del día buscando las opciones de expertos y personalidades en Criptomonedas, haciendo una amplia investigación, y analizando el mercado.

Incluso si hay algún "experto" aparentemente informado y confiable que le dice que necesita invertir en Criptomonedas A o B, un principiante no cuenta con la experiencia en negocios o las habilidades técnicas para evaluar si es o no una persona en la que usted puede confiar. Una cosa es segura: los principiantes no tienen interés en meterse en una moneda que tiene una gran inestabilidad y un futuro desconocido. Esto quiere decir que sólo tiene sentido que se metan en monedas que hayan sido construidas con tecnología sólida, un equipo fuerte y un plan de negocios firme. Cuando usted ha minado o comprado Criptomonedas, hay pocas cosas que usted pueda hacer, por ejemplo, que pueda calcular hacia fuera, si usted deba guardarlo o cambiarlo por dólares:

- ¿Existe un equipo de gran reputación que respalde esta moneda?

- ¿Qué tan activos son en mejorar y mantener su moneda?

- ¿Se están comunicando constantemente con sus inversores?

- ¿Está basada la cadena de bloqueo de monedas?

- ¿Cuántas monedas están en circulación y cuál es el número total de monedas?

- ¿Cuánto valen?

- ¿Cuántas monedas fueron remodeladas y puede extraerlas?

- ¿Cuántos cambios tienen estas monedas? Ahora que hemos pasado por algunos pasos importantes que usted debe tomar, veamos las monedas a las que yo sugiero aferrarse. Esto no debe ser usado como consejo de inversión; es sólo una opinión.

**Steem**

Esta Criptomoneda se utiliza en la plataforma de blogs de medios sociales Steemit. También tienen un dólar Steem, esto quiere decir que tienen dos Criptomonedas. El dólar Steem sólo valdrá un dólar, mientras que el valor de Steem dependerá del mercado.

Creo que la mayor parte de su valor proviene de Steemit. Las plataformas como Twitter y Facebook no están incentivadas. Es más probable que usted tenga pagarles para que usen el sitio, que de ganar dinero con él. Steemit le da la oportunidad de hacer Steem dólares y Steem mediante la publicación de contenido de calidad. Usted puede bloguear por dinero en Steemit, pero los votos que reciba en contra por su contenido es lo que determina la cantidad que gana.

También puede encender su Steem usando la potencia de Steem. El poder de Steem es lo que decidió el valor de su voto. Si tuvieras 1.000 Steem, tu voto ascendente valdría 20 centavos. Pero, si usted tiene 500.000 Steem de energía, el voto ascendente valdría $100. Básicamente, se le invita a gastar dinero en Steemit.

Si desea retirar dinero, tendrá que esperar tres meses para poder desconectarse. Esto evita que la gente pueda sacar dinero de Steemit, lo que mantiene el valor de Steemit.

## Ark

Ark es conocido por su tecnología de puente inteligente. Esta tecnología permite a las personas vincular diferentes cadenas de bloques entre sí a través de su método de enlace. Piense en vincular la cadena de bloques Lisk y Etéreo.

Su equipo también es bastante eficiente. Algunos de ellos han ayudado a desarrollar Crypti y Lisk. También tienen otras increíbles características como un sistema de archivos interplanetarios, un sistema de tarjetas físicas, privacidad opcional y velocidad de transacción. Es una moneda que parece estar en ascenso.

## Siacoin

Hoy en día se encuentra entre las 40 principales empresas de Criptomoneda, Siacoin tiene una cartera de poco más de 200 millones de dólares. 28 mil millones de Siacoins están en circulación, y rápidamente alcanzará su tope de más de 40 mil millones.

El valor de esta moneda surge por el hecho de que es una de las pocas monedas que tienen un producto. Posee un espacio de almacenamiento descentralizado que ofrece mayores garantías frente a los hackers en comparación con los demás servicios de la nube convencionales. Es probable que pueda competir con los almacenamientos de nube proporcionados por Google Drive, Microsoft Dropbox y Amazon S3, a un precio más bajo. El precio de su servicio se verá afectado por las fuerzas del mercado.

Pagar menos por el almacenamiento en nube es lo que Siacoin espera lograr. Se necesitan 2.000 Siacoins para poder utilizar este servicio. También tendrás la oportunidad de alquilar espacio a otros. Ya que las monedas y el almacenamiento son limitados, el valor definitivamente aumentará.

Tiene algo de competencia con Storj y Maid Safe Coin.

Monero

Monero tiene mejor anonimato que

Bitcoin, razón por la cual su valor pudo subir de $50 a $125 en pocos días. La razón principal para mantener a Monero es el anonimato del usuario. Hay muchos métodos sofisticados e intrincados para crear esta privacidad. Se puede dividir en varios métodos diferentes.

Hace uso de una dirección sigilosa. Si usted comercia con otros tipos de monedas, probablemente verá una dirección de destino, y esto significa que otros son capaces de rastrearlo. Monero sólo muestra hashes criptográficos para la dirección de destino. El destinatario y el remitente son las dos únicas personas que pueden leer el hash.

Utilizan unidades de movimiento separadas. Digamos que usted envía 100 XMR; será entregado al destinatario en sumas separadas de 30, 20 y 50 XMR. Cada uno de ellos se recodifica por separado, lo que dificulta su seguimiento. También utilizan firmas en anillo para mezclar las transacciones y hacer posible el anonimato.

*Etéreo*

*Ethereum es visto como la mejor alternativa a Bitcoin, y se puede ver en su precio. En septiembre de 2017 cotizaba a 380 dólares. El mayor éxito de Ethereum es la introducción de la red Ethereum. Hizo que la programación en cadena de bloques fuera mucho más fácil, y esta es la razón por la que hay tantas monedas populares que se basan en esta red. Golem y OmiseGo son dos grandes opciones.*

*Los contratos inteligentes son otra razón por la que Ethereum es tan popular. El contrato inteligente de Bitcoin consiste en enviar y recibir monedas. Los contratos inteligentes de Ethereum llevan las cosas a un nivel completamente nuevo. Le da a la gente el cambio para manejar los acuerdos y se asegura de que un pago se haga cuando se supone que debe hacerse.*

OmiseGo

Esta moneda tiene su sede en Tailandia y ofrece características de pago similares a las de las franjas del sudeste asiático. La moneda se basa en la red de Ethereum y proporciona al usuario servicios de pago en tiempo real e intercambio de valor entre jurisdicciones. También permite al usuario intercambiar tanto como las Criptomonedas y las monedas fiduciarias.

Los titulares de OMG podrán ganar dinero mediante comisiones de transacción. Cuantas más transacciones haya, más dinero ganará el titular. Debido a esto, el precio de OMG subirá.

La mejor parte de OMG es su transacción financiera, que incluye comercio de empresa a empresa, pagos, programas de lealtad, remesas y más. También se hacen de manera económica.

Iota

A partir de ahora, Iota es la única moneda que no está basada en una cadena de bloques. Tiene una nueva capa de transferencia de datos y liquidación transaccional para la Internet de las cosas. La moneda se basa en un libro mayor distribuido conocido como Tangle, y su objetivo es superar los problemas de cadena de bloques.

Teóricamente, no tiene cargos de transacción, tasa de transacción ilimitada y no tiene mineros. Esto significa que no tiene un problema de escalabilidad. También le da a la gente la oportunidad de usar un pequeño nano pago. Tampoco puede dividir una moneda.

Entonces, ¿qué debe hacer?

Con las monedas digitales, nadie puede estar seguro. Siempre hay un riesgo cuando se involucra en las Criptomonedas, especialmente si decide invertir en ellas. Existe la posibilidad de que una moneda de 50 dólares termine valiendo 50 centavos al día siguiente. Las monedas listadas arriba tienen una buena oportunidad de continuar aumentando de valor, lo que significa que es una buena idea mantenerlas. En cuanto a venderlos por una moneda fiduciaria, eso depende de usted. Manténgase atento al mercado para ver cómo van las cosas en busca de la moneda, y luego decida si le convendría más mantenerla o venderla.

### *El futuro de las Criptomonedas*

Las Criptomonedas pudieron dar el salto de un concepto académico a la realidad cuando Bitcoin fue lanzado en 2009. Bitcoin siguió atrayendo más seguidores en los años siguientes, y en 2013 llamó la atención de los medios de comunicación y de los inversores cuando alcanzó un récord de 266 dólares por Bitcoin. Bitcoin ha llevado un valor de mercado de más de dos mil millones de dólares en su punto álgido, pero luego experimentó una caída del 50%, lo que provocó un acalorado debate sobre el futuro de las Criptomonedas. ¿Sustituirán estas monedas a las convencionales y serán tan universales como el euro y el dólar? ¿O son más bien una moda pasajera que se desvanecerá en unos años? Bitcoin parece tener la respuesta.

### El estándar actual
La naturaleza descentralizada de Bitcoin hace que esté libre de interferencias o

manipulaciones del gobierno. También significa que no hay una autoridad central que se asegure de que todo funcione sin problemas ni nada que respalde su valor. Las monedas digitales son creadas a través de la minería que requiere que las computadoras descubran algoritmos complejos. El ritmo actual de creación es de 25 Bitcoins cada diez minutos, y la cantidad está limitada a 21 millones, que se espera que se alcance en el año 2140.

Esto es lo que hace que Bitcoin sea tan diferente de las monedas fiduciarias habituales, que cuentan con el respaldo de su gobierno. Las monedas Fiat están centralizadas y supervisadas por un banco central de un país. Mientras que un banco tiene el control de la cantidad de dinero que se da de acuerdo con la política, no hay un límite superior para la cantidad que se puede emitir. Los depósitos suelen estar asegurados contra cualquier quiebra del banco por parte de un órgano de gobierno. Bitcoin no tiene ninguno de estos mecanismos de soporte. El valor de Bitcoin depende completamente de lo que los inversores pagarán por él en un momento dado. Si un cambio de Bitcoin se dobla, las personas que tienen saldos de Bitcoin no tienen forma de recuperarlos.

El anonimato de la transacción y los beneficios de la descentralización de Bitcoin también la han convertido en el pago favorito de muchas actividades ilegales, que incluyen la adquisición de armas, el contrabando, el tráfico de drogas y el blanqueo de dinero. Esto ha causado que atraiga la atención de agencias gubernamentales como la SEC, la Red de Aplicación de Crímenes Financieros, el Departamento de Seguridad Nacional y el FBI. La FinCEN emitió nuevas reglas en marzo de 2013 que definían a estos administradores y bolsas virtuales como negocios de servicios monetarios, lo que los llevó al ámbito de la regulación gubernamental. En mayo del mismo año, el DHS congeló una cuenta de MtGox que se encontraba en Wells Fargo, diciendo que se habían violado las leyes contra el lavado de dinero. Luego, en agosto, el Departamento de Servicios Financieros de

Nueva York emitió citaciones a 22 compañías de pago emergentes. Muchas de estas empresas manejaban Bitcoin. Las citaciones buscaban averiguar las medidas que estaban tomando para prevenir el lavado de dinero, y cómo asegurarían la protección del consumidor.

**Alternativas de Bitcoin**

A pesar de los problemas que ha tenido, la creciente visibilidad y el éxito de Bitcoin ha hecho que varias empresas revelen monedas alternativas, como:

- Litecoin - actualmente, este Altcoin es visto como el mayor rival de Bitcoin. Fue creado para procesar transacciones pequeñas más rápido. A diferencia de la potencia que se necesita para Bitcoin, Litecoin se puede extraer con un ordenador normal. Litecoin tiene un máximo de 84 millones de monedas, cuatro veces más que el límite de Bitcoin.

- Ripple - OpenCoin lanza Ripple. El mecanismo de pago de Ripple permite la transferencia de fondos en cualquier divisa para su uso en cuestión de segundos, lo que supone una gran diferencia con la confirmación de Bitcoin en diez minutos.

- MintChip - A diferencia de la mayoría de las otras monedas, MintChip fue creado por una institución gubernamental. Esta moneda es una tarjeta inteligente que tiene un valor electrónico, y puede ser transferida entre los chips. MintChip no requiere ninguna identificación personal, pero está respaldado por el dólar canadiense.

## El Futuro

Las limitaciones actuales a las que se enfrentan las Criptomonedas, como que la fortuna digital de una persona sea borrada por un accidente, o que una bóveda virtual sea saqueada por un hacker, podrían ser superadas con el tiempo con nuevos avances. Lo que es más difícil de arreglar es la paradoja de las Criptomonedas: cuanto más crecen en popularidad, más regulación y escrutinio del gobierno atraerá, lo que eventualmente erosionará el propósito fundamental.

Mientras que puede haber un número creciente de comerciantes que aceptan estas Criptomonedas, todavía son una minoría. Para que su uso sea más amplio, tendrán que obtener una aceptación generalizada entre sus usuarios. Su complejidad, en comparación con otras monedas, probablemente disuadirá a la gente, excepto a aquellos que son técnicamente expertos.

Una Criptomoneda que busca formar parte del mundo financiero convencional tendrá que satisfacer una amplia gama de criterios. Tendrá que ser matemáticamente complejo para combatir a los hackers, pero lo suficientemente fácil para que el consumidor habitual lo entienda. Debería ser descentralizada, pero con suficientes salvaguardias para la protección de los consumidores. También necesita mantener el anonimato de los usuarios sin que se utilice para el lavado de dinero, la evasión de impuestos y otras actividades ilegales.

Puesto que todo esto es mucho para satisfacer, existe la posibilidad de que algunas de las Criptomonedas más populares por ahí, en unos pocos años, podría desarrollar atributos que se encuentran entre las Criptomonedas de hoy en día y las monedas reguladas fiat. Aunque esto parece una posibilidad remota, no cabe duda de que el éxito de Bitcoin en la gestión de estos retos puede determinar las perspectivas de Altcoins en los próximos años.

# Capítulo 1 Comprendiendo los Aspectos Esenciales de la Cadena de Bloques

En esencia, la cadena de bloques es simplemente un libro público que permite la distribución uniforme en una red de igual a igual. Habiendo dicho eso, antes de ahondar mucho más en el libro, quería tomarme el tiempo para explorar cómo funciona esa red. En las siguientes secciones de este capítulo analizaremos más detenidamente algunos de los aspectos más esenciales de la cadena de bloques, tanto como sistema y como producto. Porque todo es parte de la comprensión de los elementos esenciales de la cadena de bloques.

## *El Comienzo dela Cadena*

Poder rastrear hasta el inicio de la cadena de bloques es de gran importancia cuando se trata de comprender los elementos esenciales de la arquitectura de la cadena de bloques. En primer lugar, la razón detrás de la creación de la cadena de bloques se debió en primer lugar a que servía para proporcionar un medio barato y confiable para asegurar las transacciones financieras realizadas.

Por lo tanto, la eficiencia del sistema de cadena de bloques tiene sus raíces en los sistemas estándar anteriores y todos los defectos y miopía de los sistemas actuales en uso. La inflación, por ejemplo, es un gran defecto del dinero en papel del antiguo sistema bancario financiero. Obviamente, si se puede imprimir algo de manera infinita a medida que se acumula esa mercancía, inevitablemente se inflará y perderá su valor; sin embargo, todos los gobiernos de todo el mundo son culpables de esta misma práctica.

Y este es dolorosamente el caso en este momento con los billetes de papel en gran parte del mundo. Durante miles de años, estas cosas han sido el modo a través del cual hemos atribuido valor a las mercancías, pero ese viejo sistema se tambalea y está a punto del colapso. Y a medida que avanzamos a través de los años, encontramos cosas tales como el viejo estándar del papel moneda, que en realidad no es muy eficiente, lo que significa que usualmente es relegado a intercambios comerciales menores cerca de nuestro hogar.

Con las tasas de inflación fluctuantes, el papel moneda puede no ser adecuado para los viajes a largo plazo y las reubicaciones. Debido a las configuraciones regionales que solo manejan efectivo, las discrepancias en las transacciones, el fraude y la mala administración, estos modos de transacción se están volviendo obsoletos rápidamente. Esto solo se ve agravado por el rápido aumento de los volúmenes transaccionales debido al aumento de los consumidores que compran en línea.

Hoy en día podemos comprar casi cualquier cosa con solo unos pocos clics de ratón e incluso más recientemente; con un toque en nuestro teléfono. Y ahora que prácticamente todo el mundo posee una supercomputadora en forma de teléfono inteligente en el bolsillo, el siguiente paso en esta evolución es la llegada del "IOT" (Internet de las cosas) y la necesidad de transacciones rápidas que puedan verificarse de forma segura. en rápida sucesión.

Esto está sentando las bases para una cadena de bloques eficiente e inquebrantable. Porque, como veremos más adelante en este libro, la arquitectura de la cadena de bloques permitirá que todos los elementos en Internet se comuniquen entre sí sin interrupción. Cuando tu cafetera necesite solicitar algo del calentador de agua de su casa, por ejemplo, lo hará a través de los bloques irrompibles de la cadena de bloques.

Para muchos de nosotros en este mundo de incertidumbre, parece que hay muy pocas cosas en las que podemos confiar, pero, como afirman los defensores de la cadena de bloques, su criptografía se basa en la confianza misma. Si demuestran estar en lo correcto en cuanto a sus afirmaciones, podría ser el comienzo (como podría decir Humphrey Bogart) de una hermosa relación en la cadena de bloques.

## La Primera Aplicación de la Tecnología; El Bitcoin

El Bitcoin en muchos casos ha sido muy mal entendido. Durante mucho tiempo se creyó que era algún sistema de trueque del inframundo desarrollado en algún lugar de la Ruta de la Seda por ciberdelincuentes nefastos. Pero el Bitcoin no es nada por el estilo. Bitcoin es el producto de un documento técnico introducido en 2008 con la premisa de crear un sistema descentralizado de transacción monetaria punto a punto.

Esta criptomoneda nunca fue diseñada para convertirse en un habilitador de ciberdelincuentes; ese fue solo un efecto secundario del tipo de individuos que estaban dispuestos a ser los primeros en adoptar la tecnología. Y, además, el Bitcoin fue simplemente el vehículo, los desarrolladores lo habían elegido, pero lo más importante, la tecnología de cadena de bloques era el *sistema* que se empleó para llevarnos allí. Nadie puede imprimir una moneda digital basada en una cadena de bloque como el Bitcoin y causar deflación.

Incluso si el Bitcoin tuviera una moneda fuerte como respaldo (cosa que actualmente no tiene), el control descentralizado en el sistema de cadena de bloque entre pares simplemente no permite que ocurran tales cosas. No hay intermediarios que tomen las decisiones en el sistema de cadena de bloques, no hay nadie que tenga el monopolio de ninguna sección de la plataforma. Un producto de lacadena de bloques como Bitcoin no se imprime; se mina.

Como puedes ver, el Bitcoin puede haber allanado el camino como la primera aplicación de la tecnología, pero el punto de inflexión en sí mismo es el sistema de cadena de bloques que lo hizo posible en primer lugar. Como resultado, la plataforma a través de la cual se transportaron los primeros bitcoins es sólida como una roca. El Bitcoin nos dio la claverespecto a cómo se puede implementar la cadena de bloques.

Ahora que la cadena de bloques ha salido a la luz gracias al éxito de Bitcoin, podemos utilizar la tecnología de la cadena de bloques en muchas otras áreas de nuestras vidas. En casi cualquier aplicación que requiera transacciones confiables, la cadena de bloques continúa demostrando su utilidad. Hay muchas aplicaciones prometedoras por delante, sin embargo, la gama debe ser sometida a diversas pruebas.

Solo podemos esperar que después de que la primera aplicación de Bitcoin haya completado su curso, las futuras aplicaciones de la tecnología de la cadena de bloques también sean efectivas. Hasta el momento, los resultados son buenos, pero aún estamos esperando alguna devolución pendiente, un uso generalizado y una inversión pendiente. ¡Así que mantén los ojos bien abiertos y cruza los dedos, porque por ahora solo nos queda esperar!

### *La Revolución de la Cadena de Bloques*

La metodología típica para crear intercambios a través de la cadena de bloques se basa en una red de libros públicos. La razón por la cual la alternativa del portador estándar es tan costosa es porque se basa en un intermediario para hacer negocios. Si ese intermediario es un banco o un vendedor de autos, el asunto simplemente se reduce a alguien que se interpone entre ti, tu dinero y lo que quieres hacer con tu dinero.

La cadena de bloques elimina por completo a este intermediario, eliminando los costos de transacción, aplazando los retrasos de verificación y eliminando la posibilidad de un simple error humano. La revolución generada por la naturaleza de la cadena de bloques y el hecho de que es compartida universalmente por todas las partes que participan en el sistema, en esencia, crean un verdadero "ecosistema" donde todos en el sistema trabajan para apoyarse mutuamente.

La red de la cadena de bloques funciona mediante la creación de un consenso, utilizando procedencia e inmutabilidad. Y con la naturaleza única de la política de no devolución que la cadena de bloques promueve, el doble gastoes cosa del pasado, y también gracias a que cada transacción funciona uniéndose a la siguiente de una manera transparente y fácilmente comprensible.

La idea es encapsular la cadena de bloques dentro de una plataforma fácil de leer, pero segura. Piensa en ello como cálculos matemáticos encerrados en cubos de cristal gigantes que pueden ser vistos por cualquiera que así lo desee. De esta manera, es fácil percibir que la cadena de bloques es una revolución en ciernes. ¡Únete al movimiento y no te quedes atrás!

### La Fiabilidad de la Cadena de Bloques

La estructura de la cadena de bloques
funciona infundiendo confianza en todos
los que la utilizan. Es por esta razón que
una criptomoneda como el Bitcoin, que
usa la red,tiene el lema "En la cadena de
bloques confiamos". Esto no pretende ser
irreligioso o suplantar la inscripción
tradicional en el efectivo de "In Godwe
Trust" (En Dios Confiamos), sino que solo
indica el papel tan importante que
desempeña la cadena de bloques en esta
revolución.

La cadena de bloques funciona para
infundir confianza entre los usuarios a
través de una amplia plataforma. Puesto
que cada transacción está vinculada en
una cadena con la última que se realizó,
esta responsabilidad incorporada e

interconectada ayuda a proteger contra el fraude y la corrupción. En esencia, todo el ecosistema de la cadena de bloques funciona haciendo que sus miembros se vigilende manera mutua y proactiva.

Esto agiliza en gran medida el camino para los aparatos de regulación al permitir un examen rápido y fácil de los datos dentro de la cadena de bloques para cualquiera que lo desee. Es crucial asegurarse de que todo esté en conformidad, por eso el consenso alcanzado a través de la prueba matemática de trabajo es tan importante en lo que respecta a la cadena de bloques.

La confianza de la red de la cadena de bloque es impersonal; en realidad equivale al mismo tipo de confianza que tieneshacia tus amigos y familiares. La red sabe lo que es legítimo y lo que no, a nivel personal. No tienes que mirar mucho más allá de tus propias relaciones personales en la cadena para descubrir quién es quién en el bloque de la cadena de bloque.

Con la cadena de bloques no hay forma de esconderse; tú sabes exactamente dónde está cada usuario en la red y qué tipo de transacción están realizando. No hay forma de que alguien pueda crear una transacción fraudulenta, y no hay manera de que alguien pueda suplantar a alguien más en la red. Todo está abierto, y está fácilmente disponible para que cada miembro lo resuelva por sí solo; a su propio ritmo.

Hay una vieja expresión que dice: "El respeto se da, pero la confianza se gana". Pero la cadena de bloque para muchos usuarios finales y desarrolladores al parecerha ganado mucho respeto y confianza al mismo tiempo. La cadena de bloques en sí misma se basa en la confianza, y esperamos que siga así durante mucho tiempo; porque la confianza de la cadena de bloques es verdaderamente una fuerza a tener en cuenta.

## Capítulo 2: La Cadena de Bloques en Acción

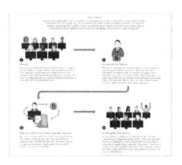

Ahora que comprendemos mejor el concepto de la Cadena de Bloques, ¡pongamos ese concepto en acción! Este capítulo te brindará algunos escenarios del mundo real en los que se aplica la cadena de bloques, desde el Bitcoin y más allá, ¡aquí te presentamos algunos de los mejores ejemplos de la cadena de bloques en funcionamiento!

### *Comenzando un Bloque de Datos con la Cadena de Bloques*

Como ya hemos discutido, la idea de una

"cadena de bloques" consiste en una cadena de datos ininterrumpida que almacena información transaccional en cada bloque. Estos bloques se incorporan en la red para que todos los vean. Cada uno de estos bloques tiene un hash aplicado a ellos. Tl vez te preguntarás; ¿Qué es un hash? ¿Es similar a una etiqueta de hash como la que encuentras en Twitter? ¿Un hash brown como el del desayuno en McDonalds? ¿Qué es un hash?

Bueno, en lenguaje estricto de la cadena de bloques, un hash es algo que funciona como una especie de huella dactilar con "identificadores únicos" los cuales contienen una "hora registrada" y se colocan directamente sobre la porción de datos de la cadena. Puesto que nadie sería capaz de cambiar, alterar o duplicar este hash único con marca de tiempo, se dice que es "a prueba de manipulaciones". Buenas noticias para cualquiera que desee confiar en la red y poner en marcha su propio bloque de datos con la cadena de bloques.

Cuando comienzas un bloque de datos en la cadena de bloques, esencialmente estás comenzando tu propio pequeño testamento en el mundo transaccional. Estásencerrando permanentemente todos tus activos financieros en una pequeña porción de información en un libro público para que todos lo vean. Una vez que esto se lleve a cabo, percibirás que has logrado algo muy grande. Lo suficientemente grande como para que dure toda la vida, ya que tus datos permanecerán perfectamente encapsulados en la cadena de bloques.

### *Compartiendo el Libro Mayor*

Como lo decía hay que compartir, en lo que se refiere al libro mayor compartido en la cadena de bloques no hay nada mejor. Este libro público tiene un historial impecable en cuanto a proporcionar transacciones sólidas en todo el ecosistema de la cadena de bloques. En este libro mayor compartido, tus transacciones pueden contener toda la información relacionada con el comercio a través de la red.

Se pueden compartir datos entre usuarios y también se pueden proporcionar permisos únicos entre estos. Una de las mayores innovaciones de la cadena de bloques es el hecho de que puede compartir información a grandes distancias con personas que no tienen nada que ver entre sí y, sin embargo, no permite que nadie pueda ingresar datos suficientes para localizar la fuente de los bits que reciben.

En este sentido, puedes pensar en el libro mayor público como un tipo de línea de ensamblaje en la que todos los participantes obtienen una pequeña parte de los datos, o una pequeña parte del ensamblaje más grande, pero ninguno de ellos tiene información suficiente para reunirlos todos por su cuenta. De esta manera, puedes compartir el libro público con total confianza de que nadie podrá robar tu información personal de la base de datos.

## *Como Utiliza el Consenso la Cadena de Bloques*

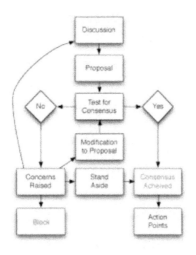

Cualquier persona que haya estado en el mundo de los negocios, o que haya trabajado en un equipo por mucho tiempo, debe saber algo sobre el consenso. Debes tener consenso con los clientes, así como con los compañeros de trabajo en cualquier proyecto dado para tener éxito. Entonces, ¿por qué no construir un consenso sobre algo tan importante como tu dinero también? La cadena de bloques te proporciona ese consenso.

Esta herramienta te brinda un comprobante de compra, varias firmas para verificación y, lo que es más importante, un medio válido para superar el enigma clásico de las "Tolerancias de falla bizantinas" mediante el uso de diferentes nodos en la red para comunicar diferentes cosas. La cadena de bloques también genera el consenso de "contratos inteligentes". Todos estos elementos combinados ayudan a construir consenso.

Y la cadena de bloques tiene una habilidad notable cuando se trata de hacer precisamente eso. La cadena de bloques es capaz de reunir a personas de toda la red para determinar la validez de una compra o transacción. El alcance y las implicaciones de este consenso son increíbles. La manera en que la cadena de bloques utiliza este consenso es la característica destacada número uno de dicha tecnología y aún se desconoce su alcance final.

## La Cadena de Bloques en los Negocios

La fortaleza del comercio internacional ha sido un factor de gran importancia en la acumulación de riquezas. Y en los últimos años, este comercio ha trabajado muy duro para superar cualquier fricción que pudierapresentarse durante una transacción. Los avances en tecnología de la comunicación, por ejemplo, han contribuido de manera importante en la reducción del detrimento derivado de realizar negocios desde dos puntos que están geográficamente separados, uniendo a los usuarios como nunca antes.

Pero a pesar de algunos de estos avances más externos, como los teléfonos e Internet, que han servido en gran medida para reducir en gran medida el desafío presentado por las millas de separación, muchos otros problemas continúan. La cadena de bloques busca aminorar las disparidades restantes. De esta manera, la cadena de bloques busca deshacerse de la fricción del mercado existente en muchas otras plataformas y, de ese modo, abrir las compuertas de la oportunidad.

Se ha dicho antes que hacer negocios no se trata solo de hacer dinero, sino también de *hacer personas*. Y cuando decimos que se trata de crear personas, queremos decir que se trata de recuperar los datos que representan ciertas personas. Esta es la cadena segura de datos, e información personal; Eso hace que el negocio de la cadena de bloques valga la pena.

### ***Eliminando la Fricción en tu Negocio***

Se necesita un verdadero innovador para eliminar la fricción inherente a gran parte del mundo empresarial actual. El advenimiento de los primeros teléfonos es un ejemplo perfecto de esto, ya que redujo el ritmo del envío de correspondencia por correo al permitir que las personas hablaran con sus socios comerciales a grandes distancias.

El Internet, por supuesto, puso todo esto en marcha también, y ahora, con la moneda digital y la implementación de la tecnología de la cadena de bloques, hemos visto un salto gigantesco una vez más. La tecnología abierta, pública de contabilidad o de cadena de bloques es otra forma de eliminar la fricción de tu negocio. Las cosas no podrían ser más fáciles con la cadena de bloques manejandotus transacciones.

La cadena de bloques también ayuda a simplificar los permisos, permitiendo a aquellos que la utilizan realizar intercambios con facilidad, con el pleno conocimiento de que la persona que se encuentra en el otro extremo de la transacción realmente es la persona que dice ser. Este es sin duda un gran activo para las transacciones de larga distancia, a menudo anónimas que tenemos en el mundo de hoy.

La absoluta seguridad inherente a la cadena de bloques en sí tampoco puede ser subestimada. Esta criptografía permite garantizar que nadie pueda manipular tu parte de datos en la cadena de bloques. La cadena de bloques también elimina gran parte de la fricción con respecto al consenso de tus transacciones,creando un sistema realmente a prueba de manipulaciones.

La cadena de bloques también sirve para reducir la fricción en muchos negocios, simplemente por su naturaleza confiable y simplificada. Esta simplificación de transacciones funciona en gran contraste con aquellas que tienen complejas regulaciones y procedimientos operativos. ¡En lugar de reducir los beneficios de la excesiva regulación, la sencillez de la cadena de bloques sirve para duplicarlos!

Si deseas eliminar gran parte de la regulación de la cadena de bloques, entonces es simplemente una cuestión de centrarse en la naturaleza de la trampa de bloqueo de la tecnología. Debido a que la cadena de bloques puede encerrar la mayor parte de la información que ingresa, ya no tendrás que preocuparte por las fugas ni por ningún otro compromiso de tu información. Esto servirá para eliminar gran parte de la fricción en tu negocio.

## *Haciendo un Recorrido por el Ecosistema de la Cadena de Bloques*

A través de la actualización de nuestra conciencia, la plataforma conocida como cadena de bloques se posiciona a sí misma como un agente transformador de cambio para todo el ecosistema de la cadena de bloques. Parte de este tipo de agencia transformadora se puede utilizar para racionalizar industrias enteras, eliminando procedimientosanacrónicos         y mejorándolos en el presente.

La cadena de bloques puede desempeñar un papel vital en la transferencia de información, desde la estación de pesaje a otra estación de pesaje en toda la línea de producción sin tener que preocuparnos por la corrupción o la manipulación fraudulenta. Esta seguridad adicional impulsa todo el ecosistema de la cadena de bloques. Y si realizas un recorrido por todo el ecosistema de la cadena de bloques, sin duda verás que esta característica de seguridad es un trabajo sobre la marcha, en progreso y que aprende de sus errores.

La seguridad de la cadena de bloques no es 100% perfecta, ¡pero siempre se esfuerza por serlo! Es un proceso de prueba y error, y con cada bache en el camino se pone un poco mejor. Tan solo lleva a cabo un recorrido por el ecosistema de la cadena de bloques en algún momento, ¡y te darás cuenta de todas estas cosas por ti mismo!

### *Financiamiento Comercial*

Las corporaciones comerciales desean comprar productos a través de la acreditación, y esa línea de crédito debe tener una presentación exhaustiva para evitar que surjan problemas con los datos transaccionales más adelante. Con más de 4000 aplicaciones en la cadena de bloques, el gigante IBM ofrece actualmente un buen ejemplo de esta financiación comercial en acción.

De hecho, el financiamiento global de IBM utiliza actualmente a 125,000 de sus clientes en más de 60 países de todo el planeta para mediar cualquier disputa que surja. Se ha proyectado que esto ahorrará a IBM hasta un 75% en lo referente a costos y servicios financieros. Por lo tanto, si tienes algún tipo de disputa con un cliente, no contrates a un oneroso abogado de Silicon Valley, ¡contrata la cadena de bloques para que haga el trabajo por ti!

# Capítulo 3: Minería de Datos y la Cadena de Bloques

Como expresa la frase, "minería de datos" es la práctica de buscar entre numerosos datos para "extraer" o mostrar el núcleo particular de información que se está buscando. Hace aproximadamente 40 años, la minería de datos se convirtió en una práctica común en el comercio. La cadena de bloques ahora busca hacer uso de este fenómeno también. En este capítulo exploraremos todas las formas en que la extracción de datos se relaciona con la cadena de bloques.

## _Minando la Cadena de Bloques_

Cuando decimos "minería" en lo referente a la cadena de bloques, estamos hablando de un proceso masivo de "revisión informática" que tiene lugar actualmente, seguido de un consenso en el ecosistema de la cadena de bloques que ocurre en rápida sucesión. En el proceso de extracción de la cadena de bloques, se lleva a cabo una mirada cuidadosa hacia arriba y hacia abajo en la larga línea de transacciones, verificando la prueba de compra y asegurándose de que todo sea legítimo.

Esto permite a todos los involucrados saber exactamente cuánto valor calculado se está moviendo a través del ecosistema en cada uno de los intercambios que se realizan. Cada parte de la información en la cadena de bloques debe estar sincronizada con la última y debe poder procesarse de manera ordenada. Cada parte de la información que se agrega a la cadena hace que otros entusiastas de la minería hagan su propia copia de la transacción asegurándose de que todo el ecosistema de la cadena de bloques se mantenga actualizado a medida que avanza.

La cadena de bloques sirve para resolver el viejo problema de cómo manejar el doble gasto. Debido a que, con la cadena de bloques, las transacciones no se pueden completar hasta que los recursos computacionales se agotan para resolver un bloque de datos. Estos bloques de datos se marcan en el tiempo tan pronto como se resuelven, lo que evita que otra persona intente resolver el mismo bloque, ya que el tiempo estampado revela cuándo se realizó la transacción.

Por tanto, esto ayuda a resolver finalmente el rompecabezas computacional del doble gasto o, como también se le conoce, "El problema del general bizantino" de una vez por todas. Todo esto es gracias a la posibilidad de minar la cadena de bloques. Los mineros de la cadena de bloques están encontrando nuevas recompensas cada día con su implantación de la minería de la cadena. Ha sido una experiencia verdaderamente gratificante y muchos de nosotros podríamos beneficiarnos directamente de ella. ¡Y quizás tú también puedas hacerlo!

## *Una Mirada al Hardware de Minería*

Inicialmente, la minería se llevaba a cabo con mayor frecuencia con la unidad central de procesamiento estándar que viene con cada computadora personal. Estos CPU se encargan de manejar y procesar la mayoría de las aplicaciones en tu computadora. Si estás leyendo estas palabras en la pantalla de una computadora en este momento, es la Unidad Central de Procesamiento de tu computadora la que se asegura de que el archivo siga funcionando en tu dispositivo mientras llevas a cabo un seguimiento de otros aspectos vitales de la ejecución de tu máquina.

El CPU estándar generalmente puede

manejar estas tareas rutinarias sin problemas, y cuando la cadena de bloques se puso de moda por primera vez, estaba lista para asumir esta nueva tarea también. Pero a medida que creció la cantidad de mineros en la red, la CPU estándar se hizo cada vez más difícil de mantener. Y pronto quedó claro que el hardware utilizado para la minería necesitaba una actualización a fondo.

Entonces es cuando los entusiastas de la minería centraron su atención en las unidades de procesamiento gráfico como una posible actualización en el hardware de minería. Una unidad de procesamiento gráfico o, como se abrevia, "GPU" es una unidad de procesamiento orientada específicamente hacia la interpretación de gráficos. Si alguna vez has jugado a un videojuego, hay una GPU trabajando duro para asegurarte de que cada bit de datos pixelados se procesa a medida que juegas con el contenido de tu pequeño corazón.

Por su propia naturaleza, las GPU están

simplemente mucho más calificadas para la tarea de minar la cadena de bloques que las CPU. Ayudando a las GPU en esto están sus "unidades lógicas aritméticas" las cuales son capaces de leer grandes cantidades de información en varias secuencias. Sin embargo, aunque las GPU eran bastante buenas para la tarea de minería, pronto fueron superadas por el uso de "Arreglos de puertas programables de campo (Field Programmable Gate Arrays)".

Estas matrices de puertas programables en campo son sistemas basados en circuitos que están integrados y hechos a la medida para trabajar con la potencia de proceso necesaria para la mayoría de las aplicaciones de la cadena de bloques. Estas matrices de puertas programables de campo vienen equipadas con sus propios "bloques lógicos" que pueden manipularse a voluntad para resolver cualquier ecuación computacional que deba procesarse.

La siguiente pieza de hardware para los mineros de la cadena de bloques fue la del "ASIC" o, como también se le conoce, los "Circuitos integrados específicos de la aplicación (ApplicationSpecificIntegratedCircuits)".El uso de esta pieza de hardware de minería realmente se puso de moda en la comunidad de la cadena de bloques en el año 2013. Esto fue cuando el tipo de ASIC que se necesitaba específicamente para la cadena de bloques se distribuyó por primera vez para un mayor rango de consumo a un precio que el promedio de cadenas de bloques podría permitirse.

Es con estas piezas de hardware de minería que la minería en cadena de bloques realmente despegó. Ahora no es raro encontrar compañías y corporaciones enteras que hacen uso de cantidades masivas de hardware y recursos para sus propios fines de minería. La minería de la cadena de bloques es un gran negocio, pero para tener éxito debes tener el tipo correcto de hardware en tu plataforma de minería.

## *Una Mirada al Software de Minería*

La mayoría del software de minería está listo para su uso en computadoras Mac y Windows. Este software es generalmente gratuito para el consumo público y se puede descargar directamente a tu computadora. Tan pronto como se instala el software de minería, puedes echar un vistazo a las especificaciones de rendimiento exclusivas de tu computadora personal y la configuración de la plataforma de minería, incluida la velocidad de hash, así como conocer el estado del *nonce* que se utiliza.

El software puede iniciarse desde una unidad USB, CD o descargarse directamente desde un sitio web seguro. Una vez instalado, debes supervisar el progreso directamente para asegurarte de que a medida que el sistema avanza, tu tasa de hash está mejorando. Con tu software instalado, puedes comenzar a configurar tu "minero" para que funcione. Es posible que no veas los resultados inmediatamente, pero dale suficiente tiempo y aprenderás cómo explotar tu propio rincón de la cadena de bloques.

### ___Las Dificultades que Implica el Minado___

Una de las mayores dificultades derivadas de la minería de la cadena de bloques es la cantidad de electricidad que se consume en el proceso. Con una plataforma de minería altamente equipada, podrías acumular fácilmente una factura de alrededor de $50 por día, así que prepárate para esta contingencia. Es por esta razón que muchos mineros han compartido sus recursos para mitigar los gastos acumulados.

Conocidos como "redes de minería", estos trabajadores de la cadena de bloques comparten todas las cargas potenciales y las ganancias por igual. Hay muchas dificultades inherentes que se presentan en el proceso de minería de datos en la cadena de bloques, pero cuando compartes tus recursos puedes reducir significativamente la carga sobre ti. Así que en lo que respecta a la minería en la cadena de bloques, cuando las cosas se pongan difíciles, ¡reduce la tensión de la de la cadena y sumérgete en una red de minería!

## Capítulo 4: La Cadena de Bloques y el Bitcoin

Los inicios de la cadena de bloques se vinculan integralmente con la introducción de la moneda digital conocida como "Bitcoin". Ambos se introdujeron por primera vez en el informe de 2008 escrito por el misterioso personaje conocido simplemente como "Satoshi Nakamoto". Nakamoto creó la cadena de bloques como un medio para facilitar el advenimiento de la primera moneda completamente descentralizada del mundo.

La premisa del diseño se basa en bloques de datos que se crean a través de la programación de código abierto cada vez que se realiza una transacción. En este capítulo, echaremos un vistazo más de cerca al Bitcoin y las raíces de la cadena de bloques que vino junto con el paquete de Bitcoin. Realmente no puedes tener uno sin el otro, así que avancemos y exploremos ambos.

### *El Bloque Génesis*

El bloque Genesis fue el primer bloque de datos utilizado para el Bitcoin y, como suele suceder, también fue la primera instancia del período de la cadena de bloques. Como tal, el bloque de génesis de la cadena de bloques fue creado por el mismo (¿o la misma?) Satoshi Nakamoto. El 3 de enero de 2009. Pareciendo consciente de la naturaleza monumental del evento, Satoshi incluso dejó unatarjeta de llamada en el código abierto de este primer bloque que permanecerá inalterable para siempre.

Pareciendo apuntar directamente al tumulto económico de los tiempos, el mensaje tenía el siguiente encabezado: "The Times 03/ene/ 2009 Canciller al borde del segundo rescate de los bancos".

Esta era en realidad una cita textual que Nakamoto seleccionó de un periódico británico llamado "The Times" que publicó una historia referente a la crisis bancaria de ese año. El hecho de que Satoshi haya puesto un encabezado tan único y sensible al tiempo en el bloque de la génesis de la cadena de bloques ayuda a reforzar la creencia de que el bloque de la génesis se fija en el tiempo y el espacio.

Con un encabezado tan singular, podemos estar seguros de que el bloque de génesis se encuentra exactamente donde Satoshi dice que está; para siempre desde el 3 de enero de 2009. Por supuesto, también hay mucha especulación con respecto a su elección de esta marca de tiempo en particular. Muchos han especulado durante mucho tiempo que quien esté detrás de Bitcoin es de naturaleza altruista y que busca encontrar una manera de liberarnos a todos de la servidumbre del sistema bancario. Si este es el caso, dejar un encabezado revelador en el bloque de génesis de la cadena de bloques tiene sentido.

## *La Primera Participación en la Cadena de Bloques*

Puesto que el código de la cadena de bloques para Bitcoin está disponible para ser programado por cualquier persona, los desarrolladores y los aficionados pronto empezaron a descubrir las primeras grietas en la tecnología. Pronto se convirtió en una especie de club de partes interesadas en el que todos tenían un gran interés en asegurarse de que la plataforma tuviera éxito. Fue a partir de este grupo de individuos que trabajaron para mejorar el conjunto que el ecosistema de Bitcoin se estableció por primera vez a través de la participación temprana de la cadena de bloques.

De especial interés fueron aquellos que se llamaban a sí mismos "criptógrafos" o aquellos que estaban interesados en el estudio de los medios criptográficos para crear canales de comunicación seguros.

Nakamoto guio a este grupo desde el principio y se mantuvo al tanto de todos sus acontecimientos a medida que avanzaban las cosas. Pero, aunque sirvió como una especie de "Moisés criptográfico" que guiaba a su rebaño, Satoshi aún permanecía firmemente en el anonimato, nunca fue más allá de llevar gentilmente a sus ovejas a pastar.

El verdadero trabajo de la etapa en la cual se aseguró que la cadena de bloques tuviese éxito fue realizado por programadores como HalFinney y Gavin Andresen. Esta temprana participación en la cadena de bloques fue la más crucial y ha creado la red de cadenas de bloques que tenemos hoy. No importa lo que realmente se derive de la tecnología de la cadena de bloques, puedes agradecer a estos primeros innovadores por su trabajo para desarrollarla.

### _La Desaparición de Satoshi Nakamoto_

Justo cuando Bitcoin y por extensión, la

tecnología de cadena de bloques que creó, estaba a punto de irrumpir en escena, la persona que supuestamente originó todo este material revolucionario hizo una vaga declaración pública: "Me he mudado a otras cosas" y entonces ¡simplemente desapareció! La naturaleza abrupta de esta desaparición ha alimentado un sinfín de teorías y especulaciones de conspiración.

Solo piénsalo por un segundo, tenemos una situación en la que Satoshi Nakamoto, el creador de lo que podría convertirse en una de las mayores innovaciones del siglo XXI (similar a la creación de Internet en sí), y en la cúspide de su avance, el inventor simplemente desaparece. Este humilde genio no parece querer disfrutar en lo más mínimo de su creación.

Y a pesar de que podría haberse hecho rico con su propia creación del Bitcoin en la cadena de bloques, las ganancias al parecer tampoco eran un motivo. Para poner las cosas en perspectiva, y comprender cuán extrañas son las circunstancias de la creación de la cadena de bloques y la partida de su inventor. Imagínate si el creador del iPhone eligiera permanecer en el anonimato (¿Steve Jobs Nakamoto?), Y luego, la noche antes de que se revelara el primer iPhone, optase por desaparecer sin dejar rastro alguno.

El creador en la cúspide del descubrimiento de su gran invento, apenas tomando crédito por su creación, y básicamente negándose a beneficiarse de un invento que de otro modo los habría hecho asquerosamente rico si hubieran aprovechado su capital, desaparece en la niebla de historia; permaneciendo completamente desconocido y no contabilizado. ¿Quién haría tal cosa? Y tal vez una pregunta aún mejor; ¿Por qué haría tal cosa?

Este es el misterio que rodea la creación de la cadena de bloques, y las extrañas circunstancias que han llevado a los rumores a internet a correr como locos desde entonces. Pero, de nuevo, cuando realmente lo piensas, Bitcoin y la cadena de bloques son tan revolucionarios, que tal vez su creador sintió que tenían que permanecer en el anonimato por su propia seguridad.

Tan solo en el ámbito de la moneda digital, varios de los innovadores que salieron a la superficie con sus creaciones se enfrentaron a la ira del sistema de justicia penal o al IRS de una forma u otra,lo cual finalmente derivó en el cierre completo de su producto.

Si bien la creación de una nueva moneda no es algo técnicamente ilegal, ciertamente no se recomienda y, por lo general, existen bastantes aspectos técnicos que pueden ser esgrimidos para eliminarla. Por lo general, los nuevos esquemas de moneda, como fue el caso del *dólar de la libertad*, se asocian con el lavado de dinero y, luego los responsables son eliminados rápidamente como resultado.

Bitcoin también estuvo asociado durante un tiempo con empresas nefastas como la Ruta de la Seda. Y si se hubiera conocido la identidad de su creador, Satoshi podría resultar implicado y responsabilizado de alguna manera por estas transacciones criminales y tendría que dejar de operar. Pero puesto que el creador de la cadena de bloques ha permanecido en forma segura en el anonimato, no hay una sola persona a quien se pueda señalar con el dedo como el creador. Entonces, en ese sentido, no hay nadie que pueda ser atacado en una reacción violenta futura.

A pesar de que Bitcoin y la cadena de bloques pueden finalmente anular todo el establishment del control bancario y gubernamental, gracias a la conveniente desaparición de Satoshi Nakamoto, no hay una sola persona a quien se pueda culpar y detener. Así es que, al igual que el resto de nosotros, a los líderes mundiales solo les queda esperar y ver cómo progresa este experimento.

## Capítulo 5: La Cadena de Bloques en el Cuidado de la Salud

Últimamente, el rumor se ha centrado en el fallido sistema de atención médica en los Estados Unidos. El asunto ha llegado al punto en que los legisladores estadounidenses están siendo sometidos a lo que equivale a unahumillación pública por el hecho de que al parecer no pueden aprobar una ley de salud que tenga sentido para todos los ciudadanos. ¡Sabes que debe ser difícil cuando al parecer ni el acoso cibernético puede hacer el trabajo!

Pero ya no digamos un plan de salud que

sea factible para las masas, muchos se están dando cuenta de que necesitamos una plataforma tecnológica completamente nueva para distribuir estos servicios en primer lugar. Hablemos acerca de la plataforma que se utilizará para tomar los datos del cuidado de la salud en el futuro. Ya que este capítulo se enfoca en la manera en que la tecnología de la cadena de bloques estará generando grandes olas en la industria del cuidado de la salud, muy pronto.

### *Registros de Salud*

Hay muchos lugares en el mundo donde individuos y naciones enteras se ven afectadas por registros médicos que están al borde de la desintegración. Regresemos hace 30 o 40 años antes del advenimiento de los registros digitales. Cuando todo era papel, había archivos amarillentos que, literalmente, se caían a pedazos en manos de profesionales de la salud.

Pero ahora que tenemos registros digitales

consagrados en bases de datos de todo el mundo durante décadas, no les está yendo mucho mejor frente a los ataques cibernéticos y la corrupción general delos registros. Otro problema importante con estos registros digitales son las llamadas copias "clonadas" o duplicadas que diluyen los registros generales del paciente y hacen que sea cada vez más difícil para los profesionales de la salud llevar a cabo un seguimiento de sus pacientes.

Esto ha llevado al aumentoen las acciones para tener una base de datos uniforme en la que se pueda colocar toda la información del paciente sin que aparezca un contenido duplicado o irrelevante en el registro del paciente. El campo unificado de la cadena de bloques promete resolver todos estos problemas. No hay nada más personal que nuestros registros de salud y si hay alguna manera de que podamos hacerlos más seguros, todos debemos subirnos a ese carro.

Así que esperemos que la cadena de

bloques mantenga su promesa de seguridad cuando se trata de nuestros registros de salud. ¡Es por lo menos una cosa menos de la que tenemos que preocuparnos en el problemático mundo del cuidado de la salud! ¡Así que considera eso y diles a tus senadores que tienen mucho que aprender de la cadena de bloques!

### *Intercambio de Datos y Autorización de los Pacientes*

Con la implementación de la cadena de bloques, los datos pueden intercambiarse con la autorización del paciente, sin importar dónde se encuentren y sin importar qué tipo de instalaciones elijan para su tratamiento. El paciente puede llevar todos sus datos él mismo, encerrados de forma segura dentro de la cadena de bloques y elegir cuándo autorizar su liberación. De esta manera, tan pronto como el paciente haya dado el visto bueno a un médico, podrán tener acceso instantáneo a los datos relevantes que necesitan a través de la cadena de bloques, en lugar de tener que buscar en innumerables archivos y registros informáticos para encontrarlos.

Como puedes ver, la cadena de bloques funciona como un tipo de buzón médico de datos que se puede subir y distribuir a través de la plataforma a múltiples partes. Y al ser un precursor de la transferencia de datos médicos en la cadena de bloques, esta información se asegura con la criptografía. Las revelaciones selectivas también pueden ser utilizadas y puestas en autorización con la firma correspondiente.

Con este sistema, todos los cuidadores designados, incluso familiares y amigos, podrán obtener instantáneamente datos importantes, a veces de salvamento, en un instante. Tan solo imagina un escenario futuro en el que su amigo que es alérgico a la mantequilla de maní accidentalmente come galletas de mantequilla de maní. Es posible que no hayas sido consciente de este hecho, pero puesto quetu amigo te ha otorgado autorización, puedes tener acceso instantáneo a sus registros médicos personales.

Y ya que tiene este acceso, es probable que antes de marcar el número para el 911, recibirás alertas en su teléfono sobre las condiciones alérgicas exactas que sufre tu amigo. ¡Gracias al nuevo enfoque de la cadena de bloques que permite el intercambio de datos a través de la autorización general del paciente, estas cosas ahora son posibles!

Con este sistema, puedes sentirse completamente seguro al saber que el paciente, y solo el paciente, puede autorizar la divulgación o la capacidad de terceros para divulgar información confidencial de atención médica. ¡Con todos los casos de robo de identidad que ocurren por ahí, tal consuelo y seguridad han tardado mucho en llegar!

## *Preservación de la Privacidad y Evidencia Médica*

La seguridad de la cadena de bloques preserva la información del paciente como nunca antes. El sistema es tan seguro que los pacientes pueden optar por entregar personalmente sus datos a laboratorios aleatorios de todo el país para la investigación científica, sabiendo que pueden permanecer completamente anónimos durante todo el intercambio. Los sistemas de tecnología de cadena de bloques también se pueden usar para mantener la apariencia de muchos productos de prueba, al usar evidencia médicamente orientada para hacerlo.

Se puede decir mucho de la fortaleza que se puede extraer de la evidencia orientada a la medicina y la preservación de la privacidad del paciente que facilita la cadena de bloques. A medida que el mundo de la salud avanza y se fusiona con el futuro "internet de las cosas" solo podemos esperar que los avances prometidos que proporciona este marco continúen brindándonos avances en el futuro.

### *Cuidado de la Salud Basado en la Cadena de Valor*

La amplia distribución a través de los registros de la cadena de bloques elimina a cualquier intermediario y, como resultado, puede reducir en gran medida el precio total pagado a las compañías de seguros. Actualmente hay una crisis en el sistema de seguros de salud y la cadena de bloque nos ha dado las herramientas que podrían proporcionar una solución. También proporciona una gran iniciativa para reclamos médicos agregados y es capaz de optimizar aún más las bases de datos de reclamos de todos los clientes.

En general, la cadena de bloques reduce el fraude, las copias duplicadas y los simples errores humanos al prestarnos la casi infalibilidad de su cadena de datos de gran alcance. Ya no tendrás que preocuparte por ese nuevo aprendiz en la oficina de facturación que accidentalmente engorda la cantidad de dinero que debes cuando ingresa sus datos en tu cuenta. Con la cadena de bloques, todo está a cargo de ti, y estos nuevos facturadores médicos no necesitan aplicar.

## Capítulo 6: Aplicaciones Futuras de la Cadena de Bloques

La cadena de bloques puede ser excelente para los negocios, pero debes saber cómo usarla, uno de los métodos más importantes de la cadena de bloques es utilizarla como un búfer con su moneda criptográfica. Hay varios ejemplos de cómo puedes usar la cadena de bloques para los negocios. Este capítulo te proporcionará algunos de los mejores ejemplos de cómo la cadena de bloques puede ser buena para su negocio.

## *Financiamiento Comercial y la Economía Compartida*

Si necesitas verificar tus productos con un método transaccional de "extremo a extremo", debe considerar los hechos. Considera el caso de IBM, este gigante recientemente se asoció globalmente para crear productos con proveedores y agencias de crédito, con todos sus productos respectivos en un libro público. Si necesitas crear algún tipo de comercio financiero, puedes hacerlo también con un proceso simplificado de obtención acuerdos que le permirá utilizar varias entidades legales al mismo tiempo.

La tecnología de la cadena de bloques está ganando cada vez más soporte del mundo bancario como una plataforma segura para realizar transacciones. Y, recientemente, se llevó a cabo una prueba piloto de gran envergadura cuando se permitió que la compañía de inicio R3 CEV se pusiera en marcha con su implementación de transferencia interbancaria basada en la cadena de bloques. Esta es una gran noticia para la "economía del intercambio" que está justo en el horizonte para la mayoría de nosotros.

La economía del intercambio incluye fenómeno como el "compartir viajes" y "compartir habitaciones", hasta personas que comparten tareas en el trabajo, con todas estas transacciones registradas en una sólida cadena de responsabilidad. Estas cuentas se unen como un tapiz masivo de comercio y se mantienen en un estándar uniforme con el sólido marco sólido de la cadena de bloques como tu base de operaciones.

Como puedes ver, las finanzas comerciales están más que listas para la economía de intercambio que proporciona la cadena de bloques. Se trata de una plataforma abierta y las posibilidades siguen siendo prácticamente ilimitadas. Hay muchas aplicaciones para las cuales la economía compartida puede utilizar la cadena de bloques. Solo es cuestión de tiempo antes de que veamos que todos llegan a buen término.

## *El Internet de las Cosas*

Uno de los usos más frecuentemente promocionados de la tecnología de la cadena de bloques ha sido el surgimiento de la "Internet de las cosas". Si aún no está familiarizado con el concepto de IOT (Internet ofthings), permíteme darte un resumen rápido. Básicamente, a medida que los dispositivos se vuelven más inteligentes, casi todos los electrodomésticos que podamos imaginar podrán conectarse a Internet.

Como verás, en un futuro muy cercano, no solo tus teléfonos inteligentes, computadoras personales y televisores inteligentes estarán conectados a la red, sino que incluso algo tan inocuo como el horno tostador de tu hogar también estará conectado a Internet. ¡En esta casa inteligente súper conectada, podría estar acostado y gritar para que tu tostadora comience a precalentarse en preparación para tu tocino y huevos de la mañana!

Pero, por supuesto, al igual que con cualquier cosa conectada a Internet, esta conveniencia también genera cierta preocupación. Como verás, en el futuro cercano con el Internet de las cosas, no solo tenemos que preocuparnos de que nuestros equipos sean pirateados, sino que también tenemos que preocuparnos de que nuestros hornos tostadores también sean pirateados. Solo puedes imaginar lo horrible que sería si un extraño a miles de kilómetros de distancia pudiera piratear tus electrodomésticos y hacer que se enciendan y apaguen a distancia.

Esto significa que la Internet de las cosas realmente solo será realmente factible con una revolución en la seguridad que pueda ofrecer una protección más confiable contra estos ataques; Esa revolución ya ha llegado en forma de la cadena de bloques. En el futuro, cuando los dispositivos automáticos se comuniquen a través de

Internet, podremos tener todas estas interacciones escritas y registradas en el mismo registro público en el que se registran las transacciones financieras. Esto nos protegerá de que cualquier máquina sea pirateada o quede fuera de línea sin nuestro conocimiento.

Desde 2014, una derivación directa de la cadena original de bloques de Bitcoin conocida como "adepto" ha liderado la carga al intentar crear la telemetría y la columna vertebral de lo que será la nueva Internet de las cosas. Esta columna vertebral estará compuesta por todas las pruebas de trabajo y los mensajes de signos de estaca en el ecosistema de la cadena de bloques que dan sentido a todas las transacciones de la cadena de bloques y se asegura de que sigan siendo seguras. Esta será la infraestructura detrás de la futura seguridad de "Internet de las cosas" también.

### *Computadoras Cuánticasy elHyperLedger*

Los chicos de la Fundación Linux realmente se han superado con su trabajo en el "HyperLedger". El objetivo general de este código de código abierto en la cadena de bloques es ayudar al avance de los desarrolladores de tecnología y tecnología del futuro. Todos estos miembros están ansiosos por crear una estandarización de trabajo del libro mayor público que proporciona la cadena de bloques para que el comercio de status quo pueda recogerlo mucho más fácilmente.

El hiper libro mayor también está buscando crear un tipo más "modular" de tecnología de cadena de bloques que sea de código abierto y que sea más fácil de manipular para los desarrolladores. La estructura superpuesta de este hiper libro mayor se conoce como el "tejido de hiper libro mayor". Esta tela permite un medio conveniente para conectar las cadenas de bloques. Esta plataforma permite un medio de negocios más confidencial, escalable y seguro.

Además, se ha dicho que tan pronto como la computación se actualice a la tecnología prometida en el futuro de la "computadora cuántica", el hiper libro mayor será más importante que nunca. Porque de acuerdo con aquellos que promueven este escenario, habrá una necesidad aún mayor de la seguridad de un hipercontrolador cuando las computadoras cuánticas reemplacen a las digitales. La computación cuántica que actualmente ves se proyecta para ser exponencialmente más rápida que las computadoras digitales de hoy en día.

Los cálculos realizados a nivel cuántico son capaces de realizar más de un cálculo en algún momento. Una hazaña que es imposible para las computadoras digitales, binarias que deben pasar de 0 a 1 en una sucesión predecible, para duplicar. Una vez que las computadoras cuánticas hagan que los dispositivos informáticos de hoy en día sean reliquias obsoletas del pasado, necesitaremos herramientas más avanzadas, como el hiper libro mayor y otras aplicaciones que proporciona la cadena de bloques.

## *UsandoEtheriumpara la Línea de Fondo de tu Cadena de Bloques*

Etherium en su núcleo es un equipo descentralizado que permite que las aplicaciones transaccionales avancen sin supervisión. Etheriumes completamente programable y listo para trabajar dentro de la cadena de bloques. Etherium se confunde a menudo por ser simplemente una forma de moneda digital, pero es mucho más de lo que parece.

Etherium es en realidad un sistema basado en nodos que utilizan funciones basadas en transacciones. El sistema Etherium utiliza un libro de contabilidad público que está a la vista de todos los participantes, a quienes luego se les pide que logren un consenso respecto a la transacción. Esto permite que extraños completos que no tienen razón para confiar entre sí, puedan confiar en el sistema en el cual están trabajando.

Etherium establece contratos inteligentes entre estas personas, lo que ayuda a garantizar un intercambio sin problemas entre ellas. Estos contratos inteligentes suelen estar escritos en programación Python o en código de computadora basado en Java. Solo un par de cosas para tener en cuenta con el uso de Etherium; En este momento, tiende a ser bastante lento para grandes cantidades de datos, y también cuesta mucho mantenerlo en la cadena de bloques.

Estos contratos sirven como una forma de realizar negocios con la seguridad total de la cadena de bloques a su disposición. Esta seguridad atraviesa todas las diferencias regionales y de personalidad que pueden entrar en juego durante una transacción. Etherium es perfecto para esta línea de trabajo, ya que, como no es humano, el programa Etherium elimina por completo todas las debilidades y dificultades inherentes a losoperadores humanos.

Etherium fue creado inicialmente por VitalikButerin y Gavin Wood como una plataforma de código abierto en 2015, en lo que fue la mayor startup de financiación colectiva de todos los tiempos. En su esencia, Etheriumconstituye un esfuerzo por descentralizar Internet al tener cuatro estructuras básicas en su lugar; Interfaz de usuario integrada, transacciones confiables, mensajes dinámicos y publicación de contenido estático.

En muchos sentidos, básicamente se está tratando de crear una computadora basada en el entorno mundial, creando un cerebro neurológico para que todo el planeta lo use y se beneficie mutuamente.

Todo el mundo de la tecnología parece estar en un estado de transición y atravesando algunos problemas de crecimiento fundamentales. Tal vez la Red global del futuro pronto estará sobre nosotros, ¡y Etherium y la cadena de bloques son los mecanismos que están detrás de esto!

### *Cadena de Bloques Para Administrar tu Cuadra*

Sí, parece que la cadena de bloques se utilizará para ejecutar casi todo, podrá ejecutar la mayoría de nuestros dispositivos en el Internet de las cosas, puede convertirse en el telón de fondo de todas las transacciones financieras y, aparentemente,                      ¡incluso podráadministrarla cuadra entera de una ciudad entera! Bueno, cuando llegue a eso, gran parte de la vida moderna ya estará automatizada, tiene que haber un umbral en el que esos aspectos automáticos de nuestro día se mantengan en curso.

Por lo tanto, los autos no chocarán contra los edificios y los drones aéreos no caerán del cielo, tiene que haber una infrestructura basada en la red que mantenga todas estas cosas perfectamente en su lugar; La cadena de bloques proporciona esa red. Un ejemplo reciente de esta aplicación de la cadena de bloques en acción es la de la compañía china fabricante de automóviles "Wanxiang", que invirtió 30 mil millones de dólares en sus propios diseños de ciudades inteligentes en el futuro cercano.

Uno de los aspectos de la planificación de su ciudad inteligente consiste en tomar las baterías de todos los autos eléctricos de esta ciudad del futuro y asegurarlas. Esto significa que en lugar de vender cada batería directamente, las baterías se alquilan a usuarios potenciales. Y las propias baterías pueden convertirse en un activo que puede intercambiarse entre los usuarios potenciales de la tecnología de la cadena de bloques.

## Conclusión

Gracias por llegar hasta el final de las Criptomonedas. Esperemos que haya sido informativo y capaz de proporcionarle todas las herramientas que necesita para lograr sus objetivos.

El siguiente paso es usar la información que ha aprendido para ayudarle a iniciar su plataforma minera. La minería de las Criptomonedas puede ser muy gratificante si usted hace las cosas de la manera correcta. Continúe investigando más y conviértase en un minero increíble.

Por último, si usted encontró este libro útil de alguna manera, ¡una reseña sobre Amazon es siempre apreciada!

¿Sabías que un gran porcentaje de las personas que ganan mucho dinero lo pierden en los primeros dos años?

No se necesita mucho para que una persona pierda todo su dinero. Alrededor de 2 de cada 3 ganadores de lotería pierden todas sus ganancias en un plazo de 5 años. Si alguien pudiera perder cientos de millones de dólares en un par de años, ¿qué tan rápido perdería los millones que podría ganar con este libro?

Durante los últimos dos años me he topado con el secreto clave detrás de la gestión del dinero y de su MANTENIMIENTO. Si usted sigue el siguiente enlace, descubrirá la verdad detrás de la gestión y el mantenimiento del dinero que usted gana
Haga clic aquí para aprender el secreto detrás de la administración del dinero

Descripción
Este libro está aquí para guiarle a través de toda la información que necesita para entender el proceso de la minería de las Criptomonedas. Aprenderá muchos de los conceptos básicos para poner en marcha su plataforma minera para ayudarle a sacar el máximo provecho de sus aventuras mineras.

En este libro aprenderás:

- Qué son las Criptomonedas
- El hardware de minería que necesitará
- El futuro de las Criptomonedas
- Construyendo tu equipo
- Y mucho más

Este libro también se asegurará de que usted entienda la terminología para que no se quede atrás. Este es un gran libro para principiantes para cualquiera que busque entrar en la minería. Esto también es perfecto para cualquiera que esté buscando aprender más sobre Criptomonedas en general. Consigue este libro hoy y empieza a minar.

# Parte 2

## Introducción

¡Gracias por comprar y descargar Cryptocurrency: una guía clara y simple para entender y dominar Cryptocurrency!. En este libro, encontrará una guía completa de todo lo que necesita saber para involucrarse en la criptomoneda. Incluso si no está buscando hacer negocio o invertir, este texto le proporcionará amplia información para explicar el tema a sus pares, escribirá libros y artículos sobre la criptomoneda y en general, comprenderá esta nueva y emocionante tecnología. Se cubrirá una gran cantidad de temas a lo largo de este libro, y cada tema se divide en siete capítulos.

Hay un mundo de información sobre la criptomoneda, y este libro cubrirá los temas principales en detalle. Los temas que se cubrirán incluyen la definición de la invención de la criptomoneda, la explicación de los mecanismos subyacentes detrás de la criptomoneda, la exploración de la historia de la criptomoneda, la revisión de todas las aplicaciones nuevas y futuras de la tecnología, un manual sobre cómo involucrarse en el comercio y la inversión de criptomonedas y por último, los riesgos de seguridad relacionados con la criptomoneda. Cada capítulo incluye una introducción que explica lo que se tratará y una sección de conclusión que cubre todos los temas importantes que se tratan en ese capítulo.

Esperamos que encuentre este libro como un compendio útil y completo de todas las cosas de criptomoneda. Gracias de nuevo por tomarse el tiempo para explorar este texto, y la mejor de las suertes en futuras incursiones en la criptomoneda y el comercio e inversión de criptomonedas.

## Capítulo 1: Definiendo Criptomoneda

Las criptomonedas son un invento nuevo y emocionante que se ha convertido en un fenómeno mundial. Una criptomoneda no es solo un nuevo tipo de moneda digital, es una nueva tecnología basada en una innovación en informática. Para comprender todo lo que necesitamos saber sobre la criptomoneda, debemos comprender los conceptos básicos. En este capítulo, veremos qué constituye una criptomoneda. Examinaremos las condiciones requeridas para considerar algo como una criptomoneda. También aprenderemos sobre blockchain, la tecnología en la quese basa las criptomonedas. Por último, veremos el papel de la criptografía en la protección de la criptomoneda.

Un investigador de la Universidad de Finanzas y Administración en Praga, llamado Jan Lansky, escribió que una criptomoneda se define como un sistema que cumple seis condiciones distintas. Primero, no debe confiar en una autoridad central. También debe mantener un registro completo de las unidades monetarias y quién las posee. Una criptomoneda debe definir cuándo puede crear nuevas unidades monetarias y describir el proceso mediante el cual se crean y poseen las unidades. A través del uso de la criptografía, cada unidad monetaria debe tener comprobante de propiedad. El sistema de criptomoneda debe permitir transacciones que cambian la propiedad de las unidades de criptomoneda. Por último, si hay varias instrucciones para cambiar la propiedad de la misma unidad, solo se puede realizar una de ellas. Al igual que las leyes de la física de la robótica, estas condiciones proporcionan una guía para crear y definir una criptomoneda.

Las criptomonedas están descentralizadas por naturaleza. Como lo describe Lansky, una criptomoneda no puede depender de una fuente central de autoridad. La tecnología blockchain en la que se basan las criptomonedas no utiliza un servidor central para transacciones o registros. En cambio, las criptomonedas dependen de una red de computadoras de igual a igual, y cada usuario mantiene un registro completo de la transacción en su computadora. Las monedas digitales que se intentaron antes de la criptomoneda dependían de un servicio o corporación de terceros, mientras que las criptomonedas operan en lo que se llama libro mayor distribuido. Un libro mayor distribuido es una red que mantiene un registro actualizado, en este caso, transacciones, en muchos nodos o usuarios diferentes.

Una criptomoneda también debe mantener un registro completo de cada unidad, incluido quién es el propietario de cada unidad. En la cadena de bloques, esto está representado por datos de transacción. Si conoce el historial de transacciones de cada billetera digital involucrada en una criptomoneda, sabe dónde están todas las unidades y quién es el propietario. Por ejemplo, una dirección de billetera puede tener un historial de transacciones de recibir 5 Bitcoins y enviar 3. De estos datos, podemos concluir que esta billetera tiene 2 Bitcoins sin la necesidad de leer directamente los datos de la billetera. La blockchain detrás de las criptomonedas almacena todos los datos de las transacciones en un formato que puede leerse pero que no es posible modificar. El sello de tiempo criptográfico es lo que permite esto.

Para que un sistema se considere una criptomoneda debe definir claramente cómo se crean las unidades de moneda y a quién se dirigen. En el caso de Bitcoin, las nuevas unidades cryptocoin se crean cuando los usuarios verifican los datos de la transacción mediante la creación de hashes criptográficos. Este proceso se llama minería. Como recompensa por verificar los datos de transacción cifrados, las computadoras que realizan la extracción reciben nuevas unidades de monedas de cripta. Este es el proceso por el cual los nuevos Bitcoins entran al mercado. Esto es paralelo a los recursos naturales que se extraen y luego se utilizan como moneda.

Un sistema de criptomoneda debe

permitir que se realicen transacciones que cambien la propiedad de las unidades. Esto está integrado en el núcleo de blockchain y Bitcoin. Con un cliente de Bitcoin, puede enviar y recibir unidades de criptomoneda entre direcciones. La declaración de estas transacciones es emitida por la misma red que demuestra la propiedad de las unidades de criptomoneda. Por ejemplo, puede enviar 20 Bitcoins de su dirección a otra y la red hará un seguimiento de la transacción, así como quién es el propietario de las criptomonedas. Para que una criptomoneda se considere como tal, primero debe cumplir esta condición.

Por último, debe haber una condición para que las acciones solicitadas se realicen al mismo tiempo. Puede surgir una situación en la que el sistema recibe solicitudes para enviar la misma unidad de criptomoneda a diferentes lugares. En esta situación, al menos una de las órdenes debe cumplirse. Sin esta condición, las órdenes que se ingresan simultáneamente no se pueden cumplir. En el caso de Bitcoin, si se ingresan dos órdenes para cambiar la propiedad de una unidad de criptomoneda al mismo tiempo, se cumple al menos una orden. Esto asegura que el doble gasto y el fraude no puedan ocurrir. Esta condición final es una medida que impide la explotación de la criptomoneda.

Estas son las seis condiciones principales para una criptomoneda. Si un sistema cumple con todos estos requisitos, puede considerarse una criptomoneda. Una moneda digital no es necesariamente una criptomoneda, pero una moneda criptográfica es siempre una moneda digital. En revisión: descentralizado, registro completo de unidades, proceso de creación y propiedad explicado, prueba de propiedad, transacciones y una solución para cuando las transacciones se realizan en la misma unidad al mismo tiempo. Si y solo si un sistema cumple con estos requisitos es una criptomoneda. El modelo para estos requisitos es la criptomoneda original, Bitcoin. Podemos considerar que Bitcoin es el originador de las criptomonedas en general.

La propiedad de estas unidades monetarias debe demostrarse sin lugar a dudas para que el sistema se considere como criptomoneda. En la blockchain, esto significa cifrar los datos de la transacción con un hash criptográfico. La criptografía que protege la modificación de los datos con marca de tiempo garantiza que los registros de transacciones nunca se modifiquen. Esta protección de los datos de transacción significa que cada unidad de criptomoneda se contabiliza en cada dirección a la que se envía y se recibe. Las carteras digitales que contienen las criptomonedas están escritas en forma de claves privadas, que se almacenan de manera eficiente en la blockchain. Por ejemplo, cada bitcoincreado se explica registrando y asegurando cada unidad que se crea, envía y recibe.

Para comprender la gran variedad de criptomonedas que hay por ahí, primero debemos entender la criptomoneda original. La criptomoneda original se conoce como Bitcoin. También es la variación más popular de la criptomoneda.

Como la invención se basa en, Bitcoin es una metáfora del oro. Se extrae como un recurso natural, y con el tiempo se requiere más potencia de cálculo para explotarlo. Al igual que el oro, tiene un uso práctico, pero en última instancia se utiliza como moneda para otros bienes y servicios. A diferencia del oro, no se extrae físicamente. El proceso de minería de criptomonedas consiste en cálculos criptográficos realizados en computadoras, pero eso se tratará más adelante.

¿Qué le da un valor de criptomoneda? Las criptomonedas suelen representarse como unidades monetarias denominadas criptomonedas. Una sola criptomoneda puede valer cualquier cantidad de valor en moneda fiduciaria. Lo que le da valor a la criptomoneda es una comunidad de personas que lo usan y lo aceptan a cambio de bienes y servicios. En las etapas iniciales de la primera criptomoneda, Bitcoin, valía entre nada y una fracción de un centavo en términos de dólares estadounidenses. A medida que la popularidad de Bitcoin aumentó, también lo hizo el valor en dólares. Al igual que cualquier otra moneda, una criptomoneda obtiene el valor del valor que las personas le asignan.

Para entender qué es la criptomoneda en su núcleo, primero debemos entender la tecnología blockchain. Elaboraremos más sobre blockchain en el siguiente capítulo, pero una comprensión rudimentaria es importante para comprender los conceptos básicos de la criptomoneda. Haremos esto describiendo la estructura de la cadena de bloques en términos más abstractos. Primero, los bloques que conforman una red de criptomoneda. A continuación, las "cadenas" que unen estos bloques. Mientras que los detalles más íntimos construyen una comprensión más profunda, tener una idea básica de cómo funciona la estructura subyacente da una idea de trabajo. Ampliaremos esta idea de trabajo poco después de cubrir lo básico.

El "bloque" en una cadena de bloques es un tipo de estructura de datos. En el bloque se almacena una variedad de información en varios tipos para construir la estructura de una criptomoneda. Esta información incluye datos de transacción de red, un hash criptográfico del bloque anterior, una marca de tiempo no modificable, información de identificación, dificultad de hashing y más. Todos los usuarios de una cadena de bloques tienen acceso a estos bloques, y contienen toda la información necesaria para realizar un seguimiento de quién es el propietario de qué criptomonedas y dónde las están enviando. Al usar la criptografía, como se ampliará más adelante en este capítulo, estos bloques de información están completamente protegidos contra cualquier piratería o modificación.

La "cadena" que une los bloques en una cadena de bloques está contenida dentro de los propios bloques. Como se mencionó anteriormente, cada bloque contiene en su interior un hash criptográfico del bloque anterior. Esta es esencialmente la información del último bloque cifrado en un código secreto indescifrable almacenado en el bloque actual. Esto es lo que une los bloques. Todos los bloques contienen hashes criptográficos de los últimos bloques, con la excepción del primer bloque. Por esta razón, el primer bloque también se conoce como el "bloque de génesis". Incluyendo bifurcaciones y otras desviaciones, todos los bloques de la cadena de bloques se pueden rastrear hasta el bloque de génesis.

Al reunir estos dos elementos, obtenemos una imagen rudimentaria de lo que es la cadena de bloques. Con una imagen rudimentaria de lo que es la cadena de bloques, tenemos una comprensión práctica de cómo funciona la criptomoneda. Los bloques son registros de información de transacciones que contienen datos de identificación importantes. Uno de esos datos es un hash cifrado de los datos del último bloque. La cadena es esta conexión de un bloque al último por medio de hashes cifrados. Juntos, tenemos una cadena de bloques que es una secuencia de registros de transacciones segura y encriptada con criptografía. Con estos registros de transacciones, podemos ver una imagen completa de quién tiene qué criptomonedas y dónde se envían.

¿Cómo funcionan estos hash criptográficos? Para poder captar un hash criptográfico, primero debemos explorar qué es la criptografía en primer lugar. La palabra criptografía proviene del griego y significa aproximadamente "escritura oculta". El objetivo de la criptografía es cambiar un mensaje de tal manera que no pueda ser leído por un tercero. La criptografía se utiliza en criptomoneda para evitar que se modifiquen los datos. En una cadena de bloques de criptomoneda, los datos son confiables y seguros. Esto se debe a que la criptografía que asegura los datos es tan sólida que no es posible que alguien pueda descifrarla. Aunque teóricamente es posible, en la vida real no es posible modificar los datos cifrados de blockchain. Esto es lo que hace que los datos de criptomoneda sean confiables y seguros.

Ahora que conocemos la criptografía, ¿qué

es un hash? Un hash es una cantidad fija de datos producidos a partir de una función de hash que toma una cadena de texto de tamaño arbitrario como entrada. En informática, una cadena es un tipo de datos que almacena información de texto. Al igual que un mensaje en código secreto, un hash está protegido de la lectura por parte de terceros por la complejidad de su cifrado. Los hashes producidos y almacenados en bloques se crean a partir de un algoritmo que toma los datos de transacción del bloque anterior como una cadena y los convierte en un hash. Teóricamente y en la práctica, los hashes producidos por las cadenas de bloques detrás de las criptomonedas no se pueden romper.

Estas son las ideas esenciales detrás de la criptomoneda. A partir de estas ideas, podemos construir una comprensión más profunda. Hemos aprendido los componentes básicos de una criptomoneda, y hemos examinado las condiciones que necesita un sistema para que se considere una criptomoneda adecuada. Hemos revisado brevemente la cadena de bloques, la base tecnológica de la criptomoneda, y hemos explorado los preceptos esenciales de la criptografía que hace que una criptomoneda funcione. El objetivo de estos próximos capítulos es profundizar en la mecánica, la historia, las aplicaciones, el comercio, la inversión, las preocupaciones legales y los riesgos de seguridad de la criptomoneda. Considere este primer capítulo como un esqueleto o cartilla sobre el tema y los siguientes capítulos como medios para desarrollar estas ideas. A continuación, profundizaremos en la mecánica de cómo funciona una criptomoneda.

## Capítulo 2: La mecánica de la criptomoneda

No se puede negar que las criptomonedas son sistemas complejos. Incluso para los inversores y adoptantes, la mecánica detrás de una criptomoneda puede ser confusa. Con este capítulo, repasaremos lo que hace que una criptomoneda funcione. Es mejor comenzar desde las ideas básicas y abstractas hacia toda la criptomoneda. Lo primero que haremos es analizar y analizar detalladamente un bloque, el componente principal de la cadena de bloques de una criptomoneda. Después de aprender la estructura del bloque, veremos cómo se forman los bloques y luego se encadenan con la criptografía. Después de eso viene aprendiendo sobre el libro mayor, la red en la que operan las criptomonedas. La minería, el proceso por el cual se crean y distribuyen las nuevas criptomonedas, también se explicará en detalle. Las carteras, el medio de almacenamiento primario para la criptomoneda, se elaborarán más adelante. Por último, cubriremos el anonimato que ofrecen las criptomonedas y cómo se mueven las criptomonedas entre individuos e instituciones.

¿Qué hay en un bloque? Un bloque es una abstracción de un tipo de datos en informática llamado "registro". Un registro es similar a las entradas en una tabla. Cada registro en una cadena de bloques como el que está detrás de Bitcoin contiene una serie de "campos". Un campo es como una columna en esta tabla. Cada campo es un tipo específico de datos destinados a un propósito específico. Puede considerar estos registros como páginas en un libro. Cada página está vinculada a la siguiente. En este caso, las páginas están enlazadas por hashes criptográficos. En resumen, un bloque es un registro de campos de datos. En el caso de la cadena de bloques, cada registro tiene cinco campos.

Los cinco tipos de datos en los bloques de Bitcoin son un "número mágico", el tamaño de bloque, el encabezado, el contador de transacciones y los datos de la transacción. El número mágico es un número de identificación único que define el bloque como parte de la red. El campo de tamaño de bloque define exactamente qué tan grande será el bloque. El blockheader es un campo complejo que contiene seis campos dentro de sí mismo. El blockheader es probablemente el componente más importante de un bloque. El contador de transacciones es un número que realiza un seguimiento de cuántas transacciones totales se han producido. Por último, los datos de la transacción son la información real sobre qué monedas se están moviendo a qué direcciones.

Para comprender el encabezado, debemos mirar los seis campos que contiene. Estas son la versión, el hash del bloque anterior, el hash del bloque actual, la marca de tiempo, el destino y el número único. La versión indica en qué versión del software está operando el bloque. El hash del bloque anterior, como se explicó anteriormente, es lo que vincula este bloque con el anterior. El hash del bloque actual se almacena de manera similar directamente después. La marca de tiempo es un valor, en segundos, que realiza un seguimiento de cuándo Los datos fueron modificados por última vez. Una marca de tiempo cifrada prueba que la información no ha sido manipulada. El objetivo es un valor que define lo difícil que es verificar el bloque actual. Por último, el número único es un valor utilizado por los clientes en la red para intentar verificar el hash.

Cuando se crea un nuevo bloque, todos estos valores deben ser calculados por una computadora. En el orden listado, todos los valores de los campos en los registros se importan mediante el cálculo o la lectura del bloque anterior. Este proceso de creación de nuevos bloques es el núcleo de la criptomoneda. Para que una criptomoneda crezca, los nuevos bloques se deben crear y cifrar constantemente en la cadena de bloques. La mayor parte de la información de estos bloques está formada por los datos de transacción que se producen en la red. Como aprendimos anteriormente, un registro completo y seguro de todos los datos de la transacción proporciona una imagen completa de quién posee qué monedas y hacia dónde se dirigen.

¿Quién crea estos bloques? Por la naturaleza descentralizada de la red de blockchain, cada usuario involucrado en una criptomoneda tiene una mano en la creación de bloques. El poder de procesamiento para las tareas involucradas en la creación y vinculación de nuevos bloques se distribuye entre los usuarios en la cadena de bloques. De hecho, toda la red está compuesta por usuarios conectados a la cadena de bloques. Este sistema de igual a igual (peer-to-peer) es una de las muchas medidas en criptomoneda que garantiza que no existe una autoridad central o un intermediario que pueda controlar o alterar la información crítica de las transacciones. Este es el proceso mediante el cual se introducen nuevos bloques en la cadena de bloques de una criptomoneda.

El encadenamiento de estos bloques juntos es inherente al proceso de creación de nuevos bloques. Para que se complete un nuevo bloque, el encabezado debe contener un hash del bloque anterior. Cualquier bloque nuevo debe estar conectado al bloque anterior de esta manera. Este proceso permite a cualquier usuario ver y leer datos de transacciones de bloques, pero evita que cualquier usuario manipule o modifique los datos de transacciones con fines ilícitos. De esta manera, el encadenamiento de bloques en la cadena de bloques crea datos que son completamente transparentes, y crea datos que es imposible de hackear o alterar.

¿Por qué es importanteesto? Como se ampliará pronto, el proceso de encadenamiento y verificación de bloques crea nuevas criptomonedas para distribuir en el sistema. Además de eso, la creación de una cadena de bloques vinculados mediante cifrado garantiza la confianza en el sistema. Como hemos mencionado, revertir el proceso de un hash criptográfico en un sistema de criptomoneda adecuado es prácticamente imposible. Con los datos de los bloques anteriores marcados con la marca de tiempo y convertidos en hashes criptográficos, no se puede comprometer ningún dato en toda la red de criptomoneda. Sin el proceso de encadenar bloques en una cadena de bloques, todo el sistema de criptomoneda no es seguro y está sujeto a ataques o errores críticos.

¿En qué tipo de red se realizan todos estos procesos? La red en la que se basan las cadenas de bloques, y por lo tanto las criptomonedas en general, se denominan libro mayor distribuido. Este es un tipo de red que crea un consenso y una recopilación sincronizada de datos digitales a través de múltiples redes.

Las criptomonedas se crean en un libro mayor distribuido, y los datos de la cadena de bloques se comparten a través de este libro mayor distribuido. Cada usuario en la red mantiene al otro responsable al tener una copia idéntica y actualizada de la cadena de bloques que todos tienen. Echemos un vistazo a los mecanismos detrás de un libro mayor distribuido en un sistema de criptomoneda.

En un libro mayor distribuido, los datos se almacenan y verifican en todos los usuarios de la red. En un sistema de criptomoneda, la cadena de bloques se almacena en todos los clientes. Cada vez que se realiza un cambio en la cadena de bloques, los usuarios se envían actualizaciones entre sí y verifican cualquier cambio nuevo. Sin la necesidad de un servidor central, todos los usuarios en el libro mayor distribuido mantienen una versión idéntica y actualizada de la cadena de bloques. El proceso por el cual se logra este consenso es un algoritmo matemático llamado algoritmo de consenso. Aparte de los sistemas de criptomoneda como Bitcoin, hay varios bancos que emplean el uso de libro mayor distribuido para minimizar los riesgos.

Como cualquier otro sistema de moneda, las nuevas criptomonedas deben crearse regularmente. El proceso por el cual se crean nuevas criptomonedas se llama minería. La minería implica agregar a los registros de transacciones en el libro mayor público de blockchain. La minería se realiza para mantener el libro mayor distribuido de datos de transacciones, pero también tiene otro propósito. Para recompensar al usuario por realizar el trabajo de construcción de la cadena de bloques, las unidades de criptomoneda se recompensan al minero cada vez que se completa un bloque. De esta manera, la extracción de Bitcoins es análoga a la extracción de oro. A medida que más y más Bitcoins se extraen, se vuelve más difícil de extraer.

La dificultad de una operación de minería está controlada por el campo mencionado anteriormente en un bloque de bloques. Este campo puede ser referido como dificultad. La dificultad de la minería aumenta a medida que crece la cadena de bloques. La recompensa otorgada a los mineros también disminuye con el tiempo. Esto limita la cantidad de criptomonedas totales que se pueden extraer. Al igual que con los recursos reales, con el tiempo se vuelve más difícil adquirir más a medida que el recurso se agota. Esto significa que las criptomonedas como Bitcoin a menudo tienen un límite establecido en cuanto a la cantidad de unidades de criptomoneda que se pueden extraer. Esta escasez de unidades de criptomonedas disponibles crea valor.

Quizás se pregunte cómo se almacenan estas criptomonedas después de ser extraídas o comercializadas. La solución para esto se llama billetera. Una billetera puede referirse a una colección de claves privadas para enviar y recibir monedas, pero también puede referirse a un software que está diseñado para almacenar unidades de criptomoneda. Las carteras se pueden alojar en línea o pueden ser operadas como una aplicación de escritorio. Muchos prefieren almacenar sus criptomonedas en aplicaciones de escritorio, ya que se puede acceder sin conexión. Hay muchas formas diferentes de carteras de criptomonedas, y cada una tiene ventajas y desventajas. Las carteras se identifican por una cadena de caracteres aleatorios llamada dirección.

¿Qué tipo de billetera debes usar? Primero, considere el contexto en el que está utilizando la criptomoneda. Si está utilizando la criptomoneda para comerciar e invertir, es posible que desee considerar el almacenamiento temporal de sus monedas en línea en intercambios hechos específicamente para comerciar e invertir. Cuando no está negociando o invirtiendo, generalmente quiere que sus cryptomonedas estén en "almacenamiento en frío". Esto significa almacenar su cryptocurrency en una aplicación de escritorio que se puede acceder en línea o fuera de línea. Cuando sus cryptocoins se almacenan en línea, existe el riesgo de no tener acceso a sus claves privadas o al cierre inesperado del servicio en línea. De manera similar, si simplemente se aferra a su criptomoneda y no está negociando o invirtiendo, es más inteligente almacenar sus criptomonedas en almacenamiento en frío en el software de billetera de escritorio. El cliente original de Bitcoin viene con dicho software de cartera, pero existen diferentes programas de cartera para cada tipo de criptomoneda.

Las direcciones son identificadores

generalmente entre el rango de 26 y 35 caracteres. Al enviar y recibir criptomonedas como Bitcoins, las direcciones se utilizan como destino. De esta manera, una dirección de criptomoneda es similar a un número de cuenta bancaria o número de enrutamiento. A diferencia de los números de cuenta y enrutamiento, una dirección de criptomoneda solo se puede usar una vez. Afortunadamente, las nuevas direcciones se pueden generar fácilmente en línea o fuera de línea. Como estos caracteres aleatorios no están vinculados a ninguna identidad personal o institución en particular, el proceso de envío y recepción de criptomonedas es anónimo de forma predeterminada. La dirección de Cryptocurrency no se puede usar para identificar a una persona u organización en particular, y una vez que se usan, necesitan ser reemplazadas por otra dirección generada al azar. Este anonimato combinado con la seguridad de la cadena de bloques hace de las criptomonedas una forma confiable de enviar y recibir dinero.

Este anonimato es muy importante para la criptomoneda en general. El propósito previsto de la criptomoneda original basada en blockchain, Bitcoin, era proporcionar una forma para que las personas y los grupos envíen y reciban dinero sin la necesidad de una autoridad de terceros. En un intercambio de criptomonedas, no es necesario intercambiar información personal o de identificación. En situaciones donde la seguridad es primordial, el anonimato provisto por las criptomonedas es muy útil. El intercambio se realiza exclusivamente entre los dos usuarios involucrados, y se elimina la necesidad de que una institución financiera transfiera dinero. Sin la necesidad de una institución financiera, no hay necesidad de transferir nada que no sea el valor involucrado en el comercio.

En revisión, hemos aprendido sobre el bloque y su importancia en la criptomoneda y la estructura de la cadena de bloques. También aprendimos cómo se forma un bloque y luego se lo encadena a través de un proceso criptográfico único. Hemos explorado la idea detrás del libro mayor distribuido y la importancia que tiene en la criptomoneda, y hemos aprendido cómo funciona el proceso de minería y el valor que proporciona. Encima de blockchain y el libro mayor distribuido, analizamos la idea de una cartera de criptomonedas. También analizamos qué tipo de billeteras de criptomonedas deben usarse en qué contextos. Finalmente, analizamos la importancia del anonimato que los sistemas de criptomoneda brindan a los usuarios. Ahora es el momento de echar un vistazo a la historia nueva y única detrás de la criptomoneda.

## Capítulo 3: La historia de la criptomoneda

La criptomoneda lleva consigo una historia extraña y fascinante. En este capítulo, desglosaremos los orígenes de la criptomoneda desde la infancia temprana en la investigación criptográfica hasta el estado actual de la tecnología. La historia de la criptomoneda en el momento de la publicación de este libro no es particularmente larga. Los orígenes de la criptomoneda pueden rastrearse en el pasado a lo largo de aproximadamente unas pocas décadas. Veremos la ciencia temprana detrás de la criptomoneda, el lanzamiento de Bitcoin y la misteriosa figura detrás de él, el crecimiento de Bitcoin, el desarrollo de criptomonedas adicionales, cómo funciona la competencia en la criptomoneda y otros puntos críticos en la historia de la criptomoneda.

La historia de la criptomoneda comienza en 1983 con un criptógrafo llamado David Chaum. Chaum fue un científico informático que publicó la idea de un tipo de sistema de moneda electrónica y criptográfica. Llamó a este sistema "ecash". La idea de ecash era construir un sistema en el que el dinero pudiera ser retirado de un banco a través de un software que requería claves criptográficas. Después de enviar las claves criptográficas adecuadas al software, el usuario podría enviar los fondos que había retirado. Este sistema creó un método para enviar moneda digital de una manera que no puede ser rastreada por un gobierno, banco o cualquier otro tercero. David Chaum continuaría implementando esta idea a través de un invento llamado "DigiCash". DigiCash Inc. se formó en el año 1989 para llevar a cabo este sistema propuesto de transacciones de moneda digital completamente anónimas. Las transacciones realizadas desde y hacia las cuentas bancarias a través de DigiCash requerían el conocimiento de claves cifradas específicas. Al igual que nuestros modernos sistemas de criptomoneda, DigiCash permitía a los usuarios transferir fondos digitalmente entre sí sin la supervisión de bancos o gobiernos. La tecnología detrás de este sistema de transferencia anónima de dinero digital se denominó "Tecnología de firma ciega". DigiCash se creó por motivos de preocupación relacionados con la naturaleza pública de la información personal y los datos de pago en línea. DigiCash más tarde se declaró en bancarrota en 1998 y se vendió.

Siete años después de la creación del sistema de efectivo digital de David Chaum, en 1996 se publicó un documento titulado, "Cómo hacer una menta: la criptografía del efectivo electrónico anónimo" por la Agencia de Seguridad Nacional del Departamento de Defensa de los Estados Unidos. Este documento describió la idea del efectivo electrónico que era inmune a las interceptaciones de comunicación. En este texto se encuentran referencias y citas de la investigación realizada por David Chaum. El documento incluye problemas con el efectivo digital que luego fueron el foco de Bitcoin, como el doble gasto. Este documento tomaría un nuevo carácter muchos años después, cuando se revelara al público el programa de espionaje interno de la NSA, PRISM.

En 1998, el escritor y desarrollador de criptografía Wei Dei propuso una idea para un sistema de efectivo electrónico distribuido llamado "b-money". Poco después, uno de los primeros predecesores de Bitcoin, "bit gold", fue creado por el científico informático Nick Szabo. Bit Gold fue otro sistema de efectivo electrónico que giraba en torno a las pruebas criptográficas de las funciones de trabajo. Esto serviría más tarde como la base para el proceso de minería criptográfica de Bitcoin. Como se mencionó en el documento de la NSA citado anteriormente, bit gold llevaba consigo el problema de la posible explotación por doble gasto. Sin embargo, aún faltaría una década para que apareciera la primera implementación exitosa, Bitcoin.

En el año 2008, la idea de Bitcoin fue propuesta por un desarrollador anónimo que opera bajo el seudónimo "Satoshi Nakamoto". Nakamoto también es responsable de crear el foro principal para la discusión de Bitcoin, Bitcointalk. A día de hoy, hay incertidumbre acerca de quién es realmente Satoshi Nakamoto. El creador de Bit Gold, Nick Szabo, niega que en realidad sea Satoshi Nakamoto, a pesar de varios intentos de demostrar lo contrario utilizando la lingüística y la evidencia circunstancial. No se sabe mucho sobre Satoshi Nakamoto. Muchos ni siquiera están seguros de que Satoshi Nakamoto sea una sola persona. Algunos sospechan que Nakamoto puede ser en realidad un grupo de personas, mientras que otros sospechan que es un seudónimo utilizado por Nick Szabo.

Una identidad potencial de Satoshi Nakamoto es un hombre llamado Dorian Prentice Satoshi Nakamoto. Su nombre de nacimiento es Satoshi Nakamoto, y la periodista de AP Leah McGrath Goodman afirmó que era el Satoshi Nakamoto de Bitcoin. Este Nakamoto fue un físico y trabajó en proyectos clasificados de investigación de defensa. También había trabajado como ingeniero informático para servicios de información en la industria financiera. Afirmó que trabajó en un proyecto que había sido entregado a otras personas, como el Satoshi Nakamoto de Bitcoin. En la entrevista posterior a esto, negó cualquier conexión con Bitcoin y señaló que había confundido la pregunta con su trabajo confidencial con el ejército.

Hal Finney se erige como otro posible inventor de la blockchain. Finney fue un pionero en criptografía y la primera persona en usar el software blockchain a un lado. rom Satoshi Nakamoto. Aparentemente, también vivió cerca del Satoshi Nakamoto anteriormente mencionado. Su escritura había sido analizada y demostró ser muy similar a la de Satoshi Nakamoto. Se especuló que Hal Finney era un escritor fantasma para Satoshi Nakamoto. La primera transacción de Bitcoin fue enviada de Satoshi Nakamoto a Hal Finney. El mismo Hal Finney negó que fuera Satoshi Nakamoto. Un amigo de Finney sugirió que estaba más involucrado de lo que dijo, pero las pruebas que se dieron a conocer más tarde implicaron que Hal Finney estaba diciendo la verdad. Por último, un hombre australiano llamado Craig Steven Wright dijo ser Satoshi Nakamoto. Esto se basó en una publicación que hizo en su blog en 2016. Esta publicación incluía una prueba criptográfica aparente de que él era el creador original de Bitcoin. Se cree que Craig Wright podría estar simplemente realizando un engaño elaborado. Esta afirmación de ser Satoshi Nakamoto fue apoyado por otro desarrollador de Bitcoin y ex director de una fundación creada por el desarrollador original. Después, otro desarrollador del equipo de Bitcoin señaló que la prueba criptográfica hecha por Craig Wright no demostró absolutamente nada.

Una selección del resumen del documento dice: "Una versión puramente peer-to-peer (de igual a igual) de dinero electrónico permitiría que los pagos en línea se envíen directamente de una parte a otra sin pasar por una institución financiera... La red marca la hora de las transacciones al agruparlas en una red continua. La propuesta de Satoshi

Nakamoto se basó en investigaciones de cadenas de firmas de hash criptográficas anteriores y tenía como objetivo crear una moneda electrónica viable. El nombre, "Bitcoin", fue sorprendentemente similar al "bit gold" de Nick Szabo. A diferencia del bit gold de Nick Szabo, Bitcoin resolvió el problema del doble gasto con un registro encadenado por hashes criptográficos.

Al principio, el bitcoin no era extremadamente popular. Más adelante, evolucionaría hasta convertirse en una moneda digital muy popular, pero comenzó como algo entre un puñado de entusiastas y desarrolladores de criptografía. En este momento, no muchos estaban conscientes del potencial de blockchain y las criptomonedas, y pasarán algunos años antes de que se desarrollaran las principales aplicaciones de blockchain. El mundo de Bitcoin continuó creciendo a lo largo de los años. Su crecimiento demostró ser exponencial, ya que el tamaño total de la cadena de bloques de bitcoin se duplicó en un año, de 2016 a 2017. El término en sí, cadena de bloques, no se utilizó hasta 2016.

A medida que el uso de bitcoin se extendió por Internet, creció el número total de usuarios que utilizaron la tecnología blockchain. En un momento dado, el valor en dólares de Bitcoin era casi cero. En el lapso de diez años, la moneda pasó de $ 0.003 a casi $ 20,000. El rápido aumento de bitcoin condujo a una mayor confianza y popularidad en la tecnología blockchain. Así como blockchain fue un componente esencial para el crecimiento de Bitcoin, Bitcoin es parte integral del aumento de la tecnología de blockchain. Es cierto que veremos más aplicaciones de blockchain emerger en el mundo a medida que pasen los años. Hasta ahora, la aplicación más obvia es eludir a las instituciones financieras con moneda digital.

El auge de Bitcoin trajo consigo muchas tecnologías e imitaciones similares. Mientras que algunas nuevas criptomonedas eran muy similares a Bitcoin u otras alternativas populares, las nuevas criptomonedas más exitosas buscaban resolver nuevos problemas. Hoy en día, hay un gran número de nuevas criptomonedas. No hay duda de que en el futuro veremos que el número total de criptomonedas disponibles continúa creciendo. Echemos un vistazo a algunas de las criptomonedas más populares que surgieron después de Bitcoin: Litecoin y Ethereum. Estos sistemas han surgido del mercado de la criptomoneda que Bitcoin ha creado, y ofrecen nuevas características y soluciones al mundo de la criptomoneda. Posiblemente la segunda criptomoneda más popular, Litecoin es considerada por muchos como análoga a la plata. Bitcoin, u oro, sería la criptomoneda más popular con patrones e inversores más predecibles. Litecoin, o plata, también sería una criptomoneda bien conocida, pero el mercado se presta para más fluctuaciones de precios y un menor límite del mercado. Como su nombre lo indica, Litecoin es una versión más ligera de Bitcoin. Es casi completamente idéntico a Bitcoin con la excepción de algunas características. Por un lado, el tamaño máximo de bloque es más pequeño. Esto significa que las transacciones se pueden realizar más rápido. Otra diferencia es el uso de una función llamada "scrypt". Esta función se aplica en el proceso de minería y facilita que las computadoras menos potentes extraigan Litecoin que Bitcoin.

¿Cómo nació Litecoin? El origen de Litecoin es similar a Bitcoin en que se lanzó como software de código abierto. El creador de Litecoin fue un ex empleado de Google con el nombre de Charlie Lee. El software se lanzó el 7 de octubre de 2011. Litecoin se activaría más tarde el 13 de octubre de 2011. Inicialmente, Litecoin era en realidad una bifurcación del cliente Bitcoin Core. Las principales modificaciones que se hicieron fueron una interfaz modificada, el uso de scrypt sobre el algoritmo de hashing de Bitcoin, el menor tiempo para generar bloques y un aumento en el número máximo posible de criptomonedas.

Una criptomoneda similar a Bitcoin, pero no idéntica, es Ethereum. Ethereum también se ubica en el nivel superior de las criptomonedas y es casi tan popular como

Litecoin. A diferencia de Litecoin, Ethereum busca crear una nueva plataforma y ofrecer características adicionales a la plataforma de criptomoneda. Por un lado, Ethereum se ofrece como un sistema operativo. Ethereum proporciona una plataforma de secuencias de comandos para aplicaciones de criptomoneda, lo que permite a muchos desarrollar sus propias aplicaciones y servicios de criptomoneda sobre Ethereum. Además de ser un sistema operativo y una plataforma de secuencias de comandos, Ethereum también funciona como una criptomoneda normal como el Bitcoin y el Litecoin mencionados anteriormente.

Quizás te preguntes, ¿cuáles son los orígenes de Ethereum? Inicialmente, Ethereum fue descrito en un documento técnico por un programador que participó en una publicación impresa llamada "Bitcoin Magazine" llamada Vitalik Buterin. Su objetivo era crear una forma para que las personas construyeran aplicaciones descentralizadas. Después de este anuncio en 2013, se formó un equipo de desarrollo en 2014. Después de financiar el proyecto a través de una multitud pública de unidades de criptomonedas, se lanzó Ethereum. Un grupo llamado Enterprise Ethereum Alliance se formó y obtuvo más de 116 miembros, incluidas corporaciones masivas como Microsoft, J.P. Morgan, Intel y bancos nacionales. Ethereum se utiliza hoy en día como una plataforma de desarrollo y criptomoneda popular para el comercio y la inversión.

En 2014, el uso de cajeros automáticos de Bitcoin o ATM's comenzó en Austin, Texas. Tres años después, en 2017, había más de 1,500 cajeros automáticos de Bitcoin instalados en todo el mundo. Estos dispositivos permitieron a las personas comprar y vender físicamente Bitcoins en efectivo. Por lo general, se cobró una tarifa por estos servicios en forma de porcentaje. En 2017, la tarifa promedio de un cajero automático de Bitcoin fue de aproximadamente el 9%. Al igual que los cajeros automáticos bancarios normales, los cajeros automáticos de Bitcoin se pueden encontrar en varios lugares, como estaciones de servicio, bares, centros comerciales y otros lugares. Las empresas que instalan cajeros automáticos Bitcoin en sus instalaciones a menudo obtienen una buena cantidad de ganancias.

En revisión, hemos aprendido las condiciones detrás de los orígenes de la criptomoneda. Hemos examinado los humildes comienzos de la primera criptomoneda, Bitcoin y el crecimiento explosivo que siguió inmediatamente después. El reciente advenimiento de la tecnología de criptomoneda es ciertamente único para su época. En este próximo capítulo, veremos las muchas aplicaciones de la criptomoneda en el mercado.

## Capítulo 4

### Aplicaciones de Criptomoneda

Ciertamente hay un gran número de aplicaciones de tecnología de criptomoneda. En este capítulo, exploraremos las muchas formas que las personas han encontrado, están encontrando y pueden encontrar en el uso de la criptomoneda. Cubriremos el comercio de criptomoneda, inversiones, contratos inteligentes, aplicaciones descentralizadas, comercio, gestión de patrimonio, educación y un par de ideas para el uso futuro de la criptomoneda. Hay pocas dudas de que en el futuro surgirán muchas aplicaciones nuevas para la criptomoneda. La tecnología subyacente detrás de Bitcoin, blockchain, ya ha sido aplicada por muchas instituciones diferentes, incluyendo gobiernos y bancos globales. A medida que crezca la cantidad de aplicaciones de criptomoneda, la tecnología será generalmente más común y conocida.

Para empezar, ¿cuál es la diferencia entre

operar e invertir en criptomoneda? Las dos aplicaciones implican el mismo proceso inicial pero difieren en sus últimas mitades. En el comercio, usted está comprando una cantidad de criptomoneda en el corto plazo para venderla a un precio más alto por una ganancia. Al invertir, está comprando criptomoneda para mantenerla a largo plazo. Con ambos métodos, está buscando adquirir moneda digital a un precio bajo y finalmente, venderla a un precio más alto para obtener una ganancia. Hay muchas herramientas e intercambios diferentes para comprar y vender criptomonedas, pero entraremos en más detalles sobre este tema en el siguiente capítulo.

La criptomoneda no es para los débiles de corazón. El proceso involucra mucha investigación, análisis fundamentales, pensamiento rápido y un enfoque inteligente de la psicología del comercio. Al igual que el mercado de divisas del mundo real, el mercado de la criptomoneda es altamente volátil. Esto significa que el precio está sujeto a cambios rápidos durante el período de horas o días. Como las criptomonedas son relativamente nuevas, es aún más difícil comerciar en un mercado ya volátil. Afortunadamente, existen varias estrategias probadas y verdaderas para el comercio exitoso de criptomonedas. Los desarrolladores de inverciones y comerciantes individuales han ganado millones e incluso miles de millones de dólares en el mercado de la criptomoneda. Invertir es similar al comercio pero difiere de maneras cruciales. Los inversores buscan obtener ganancias a largo plazo invirtiendo capital en criptomonedas que, en general, creen que tendrán una tendencia al alza a lo largo del tiempo. Este proceso lleva más tiempo que el comercio, pero ofrece los mayores beneficios y ganancias. No solo se necesita más tiempo para que una inversión a largo plazo genere valor, sino que también requiere más investigación y análisis fundamentales para hacerlo posible. En el lado positivo, las inversiones no requieren un monitoreo constante ni estrategias comerciales intensas. Un inversor típico solo puede preguntar sobre el estado de sus inversiones una o dos veces al día o incluso semanalmente.

¿Debería uno comerciar en criptomoneda o invertir en criptomoneda? Si está dispuesto a comerciar o invertir en criptomoneda, es aconsejable hacer una investigación exhaustiva de antemano. Si tiene el tiempo en sus manos y la voluntad de aprender, el comercio es probablemente la mejor ruta para usted. Si tiene algo de capital desea crecer pero no tiene el tiempo o el interés para convertirse en un experto en el comercio de criptomoneda, invertir es la opción más sabia. Ya sea que esté negociando o invirtiendo en criptomoneda, es importante hacer una investigación adecuada y análisis fundamentales antes de tomar cualquier decisión sobre el mercado de criptomoneda.

Los contratos inteligentes son otra aplicación popular de la criptomoneda. En pocas palabras, un contrato inteligente es un protocolo creado por una computadora que realiza las acciones escritas en un contrato automáticamente. Algunas aplicaciones de contratos inteligentes incluyen la transferencia automática de fondos entre individuos sin la necesidad de una institución financiera o un tercero. Se podría utilizar un contrato inteligente para automatizar el pago del alquiler, para llevar a cabo legalmente una acción digital en el momento preciso en que se debe realizar, o simplemente para proporcionar una alternativa superior al derecho contractual formal. Los contratos inteligentes son también una aplicación de blockchain en general.

¿De dónde vienen los contratos inteligentes? Los contratos inteligentes son otra innovación para el mundo de la criptomoneda que proviene de Nick Szabo. La frase surgió en Internet en el año 1996. El término se popularizó en un sitio web llamado Extropy que proporcionó una plataforma para que los investigadores en ciencias de la computación y otros campos avanzados publicaran sus trabajos e ideas. Nick Szabo publicó un artículo en este sitio web titulado "Contratos inteligentes: bloques de construcción para mercados libres digitales". El documento describía los conceptos básicos de los contratos inteligentes y cómo podrían utilizarse como la base de los mercados libres en línea. Como se mencionó anteriormente, Nick Szabo También es responsable de crear bit gold.

¿Qué es una aplicación descentralizada? Una aplicación descentralizada es un tipo de aplicación que no requiere un servidor central o autoridad para llevar a cabo tareas críticas en una aplicación. Las aplicaciones descentralizadas se describen en el documento técnico de Ethereum y se ajustan a tres categorías distintas. [Lista numerada] La primera son aplicaciones que están hechas para administrar dinero. El segundo son aplicaciones que involucran dinero pero también requieren otro activo o unidad de valor. La última categoría de aplicaciones descentralizadas son aquellas que no involucran dinero. Estas pueden incluir aplicaciones que manejan la votación o el almacenamiento seguro de documentos críticos.

El impacto de las aplicaciones descentralizadas es profundo. Con las criptomonedas, se elimina la necesidad de instituciones financieras en la transferencia de fondos. Esta tecnología no busca interrumpir la forma en que se manejan las instituciones financieras, sino establecer una nueva base para el financiamiento que excluye a las instituciones financieras. Sin embargo, las instituciones financieras en la transacción de fondos no son lo único que queda obsoleto por aplicaciones descentralizadas como las criptomonedas. Las aplicaciones descentralizadas también pueden ser utilizadas por los gobiernos, activistas y organizaciones para proporcionar un sistema de confianza distribuida y automatización. Gobiernos como los de Rusia ya están diseñando sistemas para votar que giran en torno a aplicaciones descentralizadas.

El comercio es una de las aplicaciones más evidentes de la criptomoneda. Al utilizar la criptomoneda en lugar de la moneda fiduciaria, o el efectivo, a cambio de bienes y servicios, se confieren muchos beneficios. Por un lado, el negocio hecho con criptomoneda es muy costoso y rentable. El cliente y la empresa pueden trabajar juntos directamente y transferir fondos a cualquier distancia, con tarifas mínimas y sin terceros. En segundo lugar, el negocio hecho con criptomoneda es completamente privado y anónimo. Uno puede comprar y vender productos utilizando la criptomoneda sin pasar por el proceso de intercambio de información personal para su uso con instituciones financieras o grupos que buscan obtener ganancias de sus datos personales.

¿Qué bienes y servicios se pueden comprar y vender con criptomoneda? Prácticamente cualquier bien que pueda comprar con dinero en efectivo también se puede comprar directamente con criptomoneda. Quizás lo más importante es que puedes comprar y vender moneda fiduciaria con criptomoneda. Esto incluye dólares estadounidenses, euros, yen japonés y cualquier otra moneda viable.

Con la cantidad adecuada de criptomonedas, uno puede comprar vuelos, hoteles, música, aplicaciones, productos de venta al por menor, oro, los servicios de firmas legales y contables, pizza, matrícula universitaria, donaciones a organizaciones benéficas y prácticamente cualquier otro producto. El comercio puede ser la aplicación más clara y popular de la criptomoneda en el mercado, pero se reduce en comparación con todas las demás aplicaciones.

La gestión de la riqueza es otra faceta del mercado de la criptomoneda. A lo largo de la historia, muchas personas y familias han administrado su riqueza a través de la inversión y el comercio de activos valiosos. Una cartera de administración de patrimonio puede incluir algunos activos tales como bienes raíces, acciones, bonos, metales preciosos y otros recursos valiosos e instrumentos financieros. La criptomoneda está surgiendo como otro elemento que se encuentra en la cartera de servicios diseñados para administrar la riqueza. Al igual que el comercio de divisas y divisas se utilizan en la gestión de la riqueza, el comercio de bitcoins y criptomonedas se está afianzando. En el futuro, los activos de criptomoneda pueden constituir una gran parte de la cartera de un individuo.

¿Cómo funciona la gestión de patrimonio con criptomonedas? Algunas empresas como SwissBorg ofrecen soluciones de gestión de riqueza a inversores interesados en la criptomoneda. Puede invertir en tokens que se distribuyen a través de blockchain y mantener una función similar a otras criptomonedas. Sin embargo, también hay un fondo en el que se puede invertir que emplea el uso de operaciones de criptomoneda, pero en realidad no está integrado en un sistema de blockchain.Estos fondos funcionan utilizando el dinero invertido por los clientes para comerciar e invertir en Bitcoin y otras criptomonedas. Existe la posibilidad de que surjan en el mercado más servicios de administración de patrimonio que no sean SwissBorg.

Una aplicación interesante de la tecnología

de criptomoneda es la educación. Uno puede usar la criptomoneda que han adquirido para comprar una educación en varias escuelas. Estas escuelas incluyen universidades importantes en todo el mundo, pero también escuelas preescolares y escuelas de nivel inferior que requieren matrícula. Este es un desarrollo interesante ya que las criptomonedas no están vinculadas a ninguna región o nación en particular. Uno podría adquirir criptomonedas en una nación y gastarlas en una educación en otra sin tener que cambiar monedas o preocuparse por la diferencia en el valor de la moneda fiduciaria. A medida que la tecnología crezca, es probable que veamos más y más escuelas que aceptan la criptomoneda como pago.

¿Qué escuelas, en particular, aceptan la criptomoneda como pago? Una escuela, es la Universidad de Lucerna de Ciencias Aplicadas y Artes en Suiza. Otra escuela de negocios en Berlín, Alemania llamada ESMT Berlín también acepta criptomonedas como Bitcoin como pagos por matrícula y otros costos. La primera escuela en adoptar pagos de criptomoneda fue la Universidad de Nicosia en Chipre en 2013. La primera escuela en los Estados Unidos que aceptó la criptomoneda como pago adecuado fue el King's College de la Ciudad de Nueva York en 2014. Estas escuelas aceptan Bitcoin y otras criptomonedas a cambio de los mismos Servicios que un estudiante compraría con moneda fiduciaria. Otras instituciones de educación como Princeton, Yale y UC Berkeley ahora ofrecen cursos de criptomoneda para estudiantes.

Una posible aplicación de la criptomoneda que puede desarrollarse en el futuro es el crowdfunding. A diferencia de la moneda fiduciaria estándar, las unidades de criptomoneda se pueden dividir en fracciones muy pequeñas. Un criptomoneda un valor de $ 1.000 por unidad cryptocoin se puede dividir en cantidades decimales por valor de $ 0,01 cada uno. Teniendo esto en cuenta, las criptomonedas son una buena fuente de financiación colectiva. Miles de usuarios pueden aportar solo una pequeña cantidad de criptomonedas y financiar un proyecto por valor de cientos de miles de dólares. Los proyectos más grandes de financiación colectiva están basados en blockchain. El mayor proyecto de financiación colectiva individual, en particular, es Filecoin. Filecoin es una aplicación descentralizada que se elevaba un poco más de $ 250 millones de dólares a través de crowdfunding criptomoneda.

Por último, una aplicación de criptomoneda probablemente veremos en el futuro es la expansión de los organismos autónomos descentralizados. Acortada como DAO, una organización autónoma descentralizada sirve como un grupo organizado y automatizado sin ningún líder. Estas organizaciones generalmente operan en sistemas que involucran un libro mayor distribuido como una criptomoneda. Hay reglas establecidas sobre cómo los miembros pueden invertir fondos y votar sobre las decisiones de la organización, y ninguna persona o grupo de personas controla la dirección de la DAO. Esto es útil ya que las juntas y los presidentes a menudo pueden tomar una decisión equivocada en detrimento de todo el grupo. Con un DAO, todos los involucrados pueden participar en el sistema de votación y tomar decisiones sabias con las inversiones.

¿Cuál es un ejemplo de organizaciones autónomas descentralizadas? Un ejemplo de ello es Dash. Esta es una criptomoneda que se conocía formalmente como XCoin o Darkcoin. La administración y el presupuesto de Dash están completamente descentralizados entre un libro mayor distribuido. Así como las unidades de criptomoneda se distribuyen entre el libro mayor descentralizado. Los operadores de nodos importantes en la red pueden votar para distribuir una parte de los fondos hacia proyectos que benefician a Dash. Esto es útil ya que las personas que han invertido dinero en la criptomoneda tienen una opinión sobre cómo se invierten los fondos para aumentar el valor de la criptomoneda.

Como puedes ver, existen numerosas aplicaciones de criptomonedas. Hemos explorado las aplicaciones de comercio de criptomonedas, inversiones, contratos inteligentes, aplicaciones descentralizadas, comercio, gestión de patrimonio, educación y un par de ideas para el uso futuro de la criptomoneda. Hay demasiadas aplicaciones para enumerar y explicar en este libro solo, y muchas más en el futuro. Esto debería proporcionarle una idea general de las aplicaciones de criptomoneda. En el siguiente capítulo, examinaremos el mundo del comercio de criptomonedas e invertiremos en profundidad.

## Conclusiones

Gracias por terminar hasta el final de este libro. Esperamos que haya sido informativo y poder brindarle todas las herramientas que necesita para lograr sus objetivos en el mundo de la criptomoneda. Ciertamente hay una gran cantidad de información y temas relacionados con la criptomoneda, y todavía hay más que aprender para los curiosos. Este libro debe proporcionarle una buena base y un punto de partida para profundizar en el mundo de la criptomoneda. Si usted es un inversionista, desarrollador, comerciante, escritor o periodista, esperamos que haya utilizado este libro para obtener una buena comprensión básica de la criptomoneda.

Revisemos todos los temas que hemos cubierto en este texto. Los temas que hemos cubierto incluyen la definición de la invención de la criptomoneda, la explicación de los mecanismos subyacentes detrás de la criptomoneda, la exploración de la historia de la criptomoneda, la revisión de todas las aplicaciones nuevas y futuras de la tecnología, una introducción sobre cómo involucrarse en el comercio y la inversión de criptomonedas. criptomoneda y, por último, los riesgos de seguridad relacionados con la criptomoneda. Estos temas contienen las ideas principales detrás de la criptomoneda. Con una comprensión razonablemente sólida de estos temas, puede profundizar en esta nueva y emocionante tecnología.

Esta ha sido una guía completa y formal para la criptomoneda. Puede usar este texto en el futuro como una referencia o simplemente una actualización si elige profundizar en la criptomoneda y el comercio e inversión de criptomonedas. Finalmente, si encuentra útil este libro de alguna manera, ¡siempre se agradece una revisión en Amazon!